ANIMATORI PER UNA CHIESA VIVA

1

GIGI AVANTI

CI SPOSIAMO!

7 appuntamenti
per prepararsi al matrimonio

EDIZIONI PAOLINE

Via Paolo Uccello, 9 - 20148 Milano
Distribuzione: Commerciale Edizioni Paoline s.r.l.
Corso Regina Margherita, 2 - 10153 Torino

PRESENTAZIONE

Questo libro nasce all'insegna del numero sette. *È una pura e semplice coincidenza?*

Nella cultura biblica il numero sette ha sempre un significato interessante... a cominciare dai giorni della creazione! E con il matrimonio qualcosa si sta creando...

La formula della promessa di matrimonio «Io prendo te...» è stata, infatti, scomposta in sette capitoletti, *che costituiscono la* prima parte *del volume. Anche la* seconda parte *è costituita da* sette argomenti, *che, di solito, figurano in un corso di preparazione al matrimonio che si voglia considerare globale.*

Si tratta di riflessioni, di proposte per un dialogo a due e in gruppo che possono essere distribuite in sette *o più incontri, tenendo conto sia dei* temi affini *e complementari (es. «E prometto di esserti fedele sempre» — «E se si pregasse veramente»; «Come mia sposa/come mio sposo» — «A Nazaret c'è una famiglia», ecc.) sia del* tipo di cammino *che si vuole realizzare con ogni gruppo di coppie.*

Per non illudere coloro che sono intenzionati a servirsi di questo sussidio, mi pare corretto aprire subito l'animo alla confidenza.

Quando nel 1968 da fidanzato fresco fresco, e non all'ultimo momento, mi recai un po' rassegnato e un po' curioso a frequentare i corsi di preparazione al matrimonio, non immaginavo certamente cosa mi sarebbe capitato dopo: che avrei scelto, cioè, con la piacevole e indispensabile complicità della futura moglie, di occuparmi di questa realtà in modo sistematico e diretto...

Ricordo che, allora, frequentare i corsi di preparazione al matrimonio era anche un pretesto per uscire la sera una volta più del previsto...

Fortuna volle che incontrassimo anche dei preti «complici», che, con la scusa di farci «approfondire» alcune tematiche ci fecero frequentare tre serie di incontri, allora divisi in otto serate. L'amicizia era ormai nata e con essa tutto il resto.

Quanto allora mi impressionò favorevolmente vorrei ora trasformarlo in messaggio concreto. Fummo sempre trattati con disarmante ed estrema fiducia, ma nel contempo molto seriamente, da adulti. Non ricordo nulla che sapesse di «raccomandazioni», di «prediche», di «esortazioni» o giù di lì. Era un discorso tra gente adulta, ma intelligentemente proposto con i toni distensivi di chi sa di non possedere la verità. C'era anche sempre spazio per un po' di umorismo e per la vera condivisione umana del comune travaglio del vivere.

Chi intende pertanto servirsi di tale sussidio, sa già in partenza a cosa può andare incontro: non certamente a prediche e ammonizioni sulla importanza del passo che sta per compiere, non a consigli perché, come si dice, ognuno sa sbagliare da solo, né a ricettari per cucinare un buon matrimonio.

È un discorso «tra adulti», fondato sulla certezza-fiducia di essere capiti e nella speranza di risultare stimolanti per esperienze successive.

Ecco la linea tematica del presente sussidio: Chi si

sposa è pronto a giurare di volersi bene per sempre. Oltre ai due c'è però proprio Lui, il Cristo, l'inventore dell'amore, a voler fare i conti.

C'è da pensarci bene!

Il passaggio dal semplice «stare insieme» al «vivere insieme» con amore, non è automatico. Richiede tutta una serie di attenzioni onde evitare i rischi di malintesi, sofferenze nascoste, litigi, che tutti promettono di non volere, ma che talvolta diventano il veleno quotidiano capace di soffocare l'amore. Richiede il sostegno della fede.

Leggendo la formula della promessa di matrimonio ci si accorge che essa è un piccolo capolavoro. Ma il suo vero peso e valore sono dati dalla lealtà di chi la pronuncia. Già di per sé essa è un programma di vita. Pronunciarla davanti a Dio, durante la Messa, in mezzo a una comunità di credenti, è qualcosa di estremamente serio.

Ecco la formula:

«Io prendo te come mia/o sposa/o
e prometto di esserti fedele sempre,
nella gioia e nel dolore,
nella salute e nella malattia;
e di amarti e onorarti
tutti i giorni della mia vita».

È un patto vincolante. Sarebbe poco serio, dopo qualche anno, ammettere di avere pronunciato quella formula senza averla ben capita.

Anche perché è con il cuore che è opportuno capire...

Una curiosità: nella formula non figura nessun termine sacro o divino e purtuttavia si respira un intenso clima di religiosità. La nudità umana e disarmante di questa frasetta ha infatti il magico potere di collegare i due al sublime progetto della creazione intesa come progetto d'amore. Un progetto che nei diversi tempi e modi si ripete fantasiosamente da Eva e Adamo fino a voi.

Se questo è un progetto gradito tanti auguri, diversamente se ancora non lo è, «a che gioco giochiamo»?

L'AUTORE

UNA PAROLA AGLI OPERATORI DEL SETTORE FAMIGLIA

Il presente sussidio si rivolge in particolare a tutti quegli operatori alle prese con l'organizzazione di *corsi, incontri* o *itinerari di preparazione al matrimonio.* Ci sono in giro molti testi e opuscoli del genere a riprova dell'interesse per la «materia».

Il taglio e l'approccio metodologico di queste riflessioni sono di tipo essenzialmente esistenziale e antropologico. Infatti la mossa «spirituale» vincente di Dio è l'incarnazione. L'annuncio di Nazaret è per l'incarnazione. E l'incarnazione è per la salvezza.

L'incarnazione significa tante cose: prima di tutto valorizzazione e potenziamento di tutto quanto Dio aveva fatto di «umano»...

E il vangelo è lì tutto intero a fare memoria di questa attenzione salvifica.

La salvezza dell'amore umano passa attraverso l'umanità di Cristo-Dio. L'amore umano viene valorizzato e caricato di significati efficaci.

Tutto ciò, tradotto in termini di preparazione al matrimonio, potrebbe significare innanzitutto, da parte degli operatori, un atteggiamento di profondo rispetto e di evangelica attenzione per quanto già di umanamente valido offrono i due fidanzati, cioè la loro volontà di amore.

In pratica il nostro lavoro dovrebbe assomigliare un po' a quello di chi, volendo offrire del buon pane, si preoccupa per tempo di approvvigionarsi di farina buona, di lievito genuino o a quello di chi, volendo far gustare del buon vino, si premura di curare con intelligente pazienza la vigna.

È questa umile predisposizione a fondare e caratterizzare il rapporto interpersonale con i fidanzati.

Un rapporto interpersonale fatto di *chiarezza*: i corsi per fidanzati sono un discorso del simile nei confronti del proprio simile.

Un rapporto fatto paradossalmente anche di *mistero*, che è il versante divino della chiarezza. Occorre, infatti, saper stimolare, senza pesantezze, la nostalgia di realtà non ancora sperimentabili in pienezza su questa terra. Il «già» e «non ancora» della realtà matrimoniale vissuta nella fede.

Talvolta, forse ancor prima di aprire la Bibbia o di annunciare che Dio ci ama, potrebbe essere più opportuno aprire il proprio cuore, fissare negli occhi i fidanzati e chiedere loro: «vi volete veramente amare per tutta la vita?».

La scelta dell'approccio esistenziale è fortemente motivata e giustificata da presupposti di vario ordine, e trova una conferma nella breve formula che i futuri sposi pronunceranno, quasi parlando fra loro a voce alta, in modo da essere sentiti dai testimoni, dal prete, dai presenti e anche da Dio.

«Evangelizzare l'amarsi», secondo una felice espressione di mons. Tagliaferri, dell'Ufficio Famiglia della CEI, è possibile a patto che si tratti di un amore umano, veritiero e non infantile o nevrotico; un amore in grado di maturare con il passare delle stagioni e non uno stare insieme mummificato, un amore umano redento che nonostante la fragilità e la fallibilità resta carico di significati, un amore veramente incarnato se vuole essere reciprocamente fonte di salvezza.

Operando con tale stile si potrà inoltre evitare la perenne tentazione di voler vedere subito i frutti.

Prima parte

1
IO PRENDO TE

Il verbo «prendere» forse richiama ricordi d'infanzia quando qualcuno rincorrendoci gridava «guarda che ti prendo».

In seguito quel verbo assumeva via via significati meno giocosi: prendere un diploma, uno schiaffo, una cantonata, un granchio, una fregatura, prendere delle precauzioni, prendere le distanze, prendere in giro...

Una vera miniera questo verbo «prendere»!

A ben vedere potrebbe essere il primo stimolo alla riflessione, il primo stimolo a non prendere sottogamba l'impegno di una vita a due, con la quale ha ufficialmente termine l'esperienza solitaria di un io e di un tu...

Dalla solitudine alla comunione

Solitaria, si fa per dire, in quanto tante relazioni precedenti hanno consentito già la forgiatura e la maturazione dei due come persone. L'incontro dell'innamoramento ha dato però il via a una relazione del tutto caratteristica rispetto a tutte quante le altre. Lo dimostrano abbastanza chiaramente le modificazioni degli atteggiamenti interiori e delle abitudini di vita di due innamorati: la tendenza a stare insieme, a valutare insieme; la tendenza alla fiducia reciproca talvolta messa a dura prova dai morsi della gelosia, la tendenza a sganciarsi dalle rispettive famiglie, la tendenza a fare progetti per il futuro; progetti talmente colorati di sogno da fare intenerire amici e conoscenti... Ed è bene che sia così perché il sogno è una speranza assopita, se è vero quanto affermava Aristotele, che «la speranza è un sogno fatto da svegli», la speranza cioè di un domani sempre migliore dell'oggi...

La vita precedente, attraverso il gioco sapiente delle coincidenze e delle vicissitudini, non ha mai lasciato nessuno propriamente solo. Purtuttavia con l'esperienza più o meno fulminante dell'innamoramento e poi del fidanzamento, comincia uno stile di vita da non «prendere» alla leggera.

Soli per incontrarsi

All'alba del mondo c'è il primo incontro d'amore... Quindi all'alba di un amore c'è sempre un incontro; prima di questo incontro spesso uomo e donna fanno una esperienza strana: quella del «nonsenso». Essa fa parte del mistero della vita.

Che senso può avere, a esempio, un uomo solo in un bellissimo giardino? Che senso può avere una stupenda donna che sa di non essere attesa da nessuno?

Un uomo solo, in un bellissimo Eden, sta peggio che in un deserto e una donna, non attesa da nessuno, sta veramente male.

E questo vale anche al di fuori della casistica coniugale perché ogni persona, in quanto creatura, trova bello vivere uscendo dalle barriere magari dorate del proprio io, nella ricerca di un rapporto di donazione che dia significato al suo essere.

Questo per arrivare a cosa? Per affermare che in quel verbo « prendere » è contenuto in germe tutto il programma di una vita; è contenuto il passaggio da una vita di solitudine a una vita di comunione; e quando si pronuncia questa parola ci si impegna a trovare senso a vivere in comunione per sempre.

Restare se stessi nel rispetto

È bello ascoltare le espressioni dei fidanzati: « Sei veramente unico », « Io per te morirei », « Non ho ancora capito come ho fatto a vivere tutti questi anni senza di te ».

Chi non le ha pronunciate? Forse qualcuno un po' orso o qualche ragazza molto riservata, ma certamente stavano nel cuore.

La prima attenzione « esistenziale » derivante quindi da questa scelta di vita insieme, è quella di non vivere più solitariamente o in modo egocentrico, e più ancora, è quella di non rovinare quell'*io* e quel *tu* che la vita ha provveduto a costruire fino a ora.

Il poeta Evtušenko scrive: « Tu sei grande in amore e temeraria. Io timido a ogni passo. Non ti farò del male, ma farti del bene sarò capace? ».

Sempre un io e un tu ricchi della loro diversità. È bene pensarci quando si è tentati di sottovalutare l'altro o di prevaricare sull'altra; è bene pensarci e correre ai ripari quando, anziché mettersi nei panni del proprio partner, ci si rintana infantilmente nei propri.

Il bello di lui è che lui non è lei, e il bello di lei è che lei non è lui... Non è un semplice gioco di parole.

Quando si afferma di volersi «prendere», si assume con se stessi un impegno nei riguardi dell'altro/a: accettazione profonda e rispettosa del partner senza volontà o presunzione di cambiarlo, quand'anche lo si volesse fare a fin di bene. Sarà l'amore a dettare o a suggerire i modi e i tempi delle modificazioni.

Diversamente sarebbe come accettare un regalo con riserve o avendo sempre da ridire sul suo valore, sulla sua opportunità, sul suo significato. Un regalo si accetta comunque e quando lo si dona non lo si fa pesare.

«Vedrai che te le farò passare io certe idee dalla testa», «Da tua madre non ci vai», «Te l'avevo detto io»: sono alcune tipiche frasi nelle quali prevale l'io sul tu, nelle quali il regalo è messo in discussione, nelle quali non c'è rispetto, nelle quali c'è il tentativo, magari inconsapevole, di rovinare qualcosa.

Io e te, due persone

Facile dire che si è persona umana! Chi è la persona umana? È un animale ragionevole, pare la definizione più «ragionevole». Oggi come oggi però, con l'aiuto delle scienze umane, si può tentare un'altra pista di approfondimento.

Tutti abbiamo sentito parlare di congegno, di meccanismo, di struttura organizzata; applicando questi concetti alla persona si può rischiare di sembrare troppo schematici e magari anche un tantino rigidi; ma è opportuno farlo anche per avere subito chiaro in mente che la realtà della propria persona non è qualcosa di impenetrabile o di confuso, ma qualcosa di organizzato.

Venirne a conoscenza aiuta a vivere decentemente insieme, da persone.

Scoprire come mai un giorno ci si alza con la luna per traverso, riconoscere i brutti scherzi che può giocare la stanchezza, saper dominare i propri impulsi negativi, essere furbi nel non dare agli altri il potere di farci stare male, sono tutte legittime esigenze da soddisfare. Ed è possibile farlo a patto di entrare in punta di piedi nel magico insieme del proprio essere personale, distinguendo gli impulsi istintivi, quelli emotivi, e riconoscendo le prerogative della ragione.

Istintività, emotività, razionalità

Si tratta di energie e potenzialità della persona, ciascuna delle quali dotata di precise regole di funzionamento.

L'*istintività*, a esempio, è un insieme di forze dall'azione piuttosto *automatica* come avvertire freddo e correre a rannicchiarsi o a coprirsi.

L'*emotività* è invece un insieme di forze meno automatiche delle forze istintive. Provare simpatia, rabbia, gelosia... è un fatto istintivo ma può essere differentemente pilotato.

La *razionalità* è la dimensione più prestigiosa della persona ed è quella in cui trova collocazione l'intelligenza e la volontà.

Per sua natura l'intelligenza tende al vero e prova ne è il fastidio interiore davanti alla falsità e alla ipocrisia. La volontà tende al bene e prova ne è la delusione cocente, quando crediamo di fare il bene e magari ci accorgiamo di aver inseguito semplicemente il proprio egoismo.

Vivere insieme come persone comporta l'apprezzamento e l'accettazione di queste componenti e il coltivarle con impegno.

Dall'innamoramento (istintività, emotività) all'amore (razionalità)

Io e te, due persone dai caratteri diversi, si sono innamorate e stanno decidendo di amarsi per sempre.

Ma siamo proprio sicuri di avere le idee chiare, almeno quelle? Ci penserà poi la vita a verificarle, ma per intanto siamo sicuri di non confondere l'euforia dell'innamoramento con la pacata passionalità dell'amore?

Tutti sanno che amare non è guardarsi negli occhi ma guardare entrambi nella stessa direzione.

L'amore non è definibile ma si può soltanto descrivere lasciando intuire, quasi poeticamente, il resto... Nonostante questo, è facile affermare che tante convivenze coniugali sono franate, perché il matrimonio è avvenuto in *fase di innamoramento* e non in *fase di amore*. L'amore non è la morte dell'innamoramento così come il fiore non è la morte della radice.

L'amore non è razionalità pura ma è comunque una scelta nella quale entrano a pieno titolo la *volontà* (ti voglio bene, voglio il tuo bene cioè) e la *intelligenza* (nel senso paradossale che chi vuole veramente amare, capisce di non poter capire tutto né di sé, né del suo partner senza tuttavia andare in crisi). In questo senso l'amore è un innamoramento maturato, divenuto realistico; ma di quel realismo così pieno di fantasia e di arguzia, così liberante e vincolante allo stesso tempo. Insomma così cresciuto bene da lasciare estatici gli stessi innamorati...

Dalla spinta alla scelta

Analizzando velocemente il passaggio da innamoramento ad amore, si scopre una cosa curiosa: il passaggio appunto dalla *sfera istintivo-emotiva* alla *sfera razionale* ed è un passaggio importantissimo. È un passaggio che ovviamente non elimina i gradini bassi quando si arriva in alto...

Quando ci si sente attratti da una realtà e poi si decide per essa, in fondo si verifica la medesima dinamica. Si è spinti verso qualcosa e, dopo un certo travaglio, la si sceglie; e più la cosa appare importante maggiore sarà la ponderazione.

L'amore è quindi una scelta originata da una singolare spinta. L'attrazione istintivo-emotiva è pertanto quella *spinta*, quel campanello d'allarme, quel segnale che avverte di essere davanti a qualcosa o a qualcuno di importante.

Non è però sufficiente fidarsi della spinta. Se un ciclista in salita dovesse fidarsi soltanto delle spinte dei tifosi, non sarebbe mai un corridore vincente. Per vincere nel gioco coniugale è essenziale, quindi, passare dalla spinta alla *scelta*.

La spinta è un invito alla scelta. L'innamoramento è una introduzione all'amore.

Se un rapporto coniugale è basato sulla scelta convinta di vivere l'amore non è facilmente vulnerabile o attaccabile dalle tentazioni esterne. I due avvertiranno sì le lusinghe dell'avventura, ma potranno sempre riandare a quel radicale « ho scelto te » e sarà questa la loro forza. Diversamente potrebbero oscillare (e questo è tipico dei sentimenti) tra la sensazione di avere sbagliato e il desiderio di rimediare, dando il via a quella strana forma di rapporto intessuto alternativamente di moine e di cattiveria, di piccoli regali e di struggenti gelosie, di esplosioni affettuose e di meschini sotterfugi; in una parola a una forma di rapporto che se non sarà proprio da schizofrenia non potrà certo chiamarsi maturo o, quanto meno, realistico.

L'innamoramento ha qualcosa di artefatto, di esagerato. L'innamoramento è un burlone che gioca talvolta a dirle grosse: « sei la più bella del mondo », « come sai guidare tu non c'è nessuno »... L'amante, quello vero, arriva a dire « tu sei unica » (e questo è vero, anche se uno sa che possono esserci altre persone più piacenti, realisticamente parlando) oppure « ti amo perché sei tu » (benché i tuoi limiti li veda).

In fondo in fondo, l'amore dovrebbe sintetizzare in maniera nuova tutte le caratteristiche delle esperienze affettive: la poeticità di una cotta, il calore estasiante di un innamoramento, la dolce precarietà di un gioco di flirt, la simpatia profonda di una amicizia, il tutto condensato nell'incantesimo di una scelta d'amore totale, definitiva, esclusiva, unica.

Una scelta matura

È realistica, lucida, lungimirante, consapevole delle responsabilità. Sono tutte parole sulle quali ci si trova teoricamente d'accordo.

Si sceglie una persona con i suoi momenti belli e brutti, con i suoi gusti e le sue uscite, con la sua gentilezza e la sua ruvidezza, con la sua intuizione e la sua ingenuità, con la sua speranza e la sua disperazione, con la sua mania per l'ordine e la sua pigrizia, con la sua semplicità e la sua incertezza, con la sua fede cristallina e i suoi dubbi lancinanti, con il suo desiderio di figli e la sua paura di averne.

Oswald Schwarz nel suo famoso libro *Psicologia del sesso* afferma: « Quando un uomo *decide* di *prendere* in moglie una certa donna, il matrimonio diventa un compito, una missione da assolvere. Ed ecco l'aspetto più singolare del matrimonio: il marito e la moglie sentono di aver assunto una responsabilità verso il matrimonio in quanto tale, come se il matrimonio appena celebrato diventasse una nuova entità superindividuale che costringe l'uomo e la donna al suo servizio. Una simile costrizione (quasi si potrebbe dire un arruolamento) diventerà sopportabile, anzi perderà tutto il suo carico di obbligatorietà, soltanto se lo scopo del matrimonio è liberamente accettato dai due sposi. Questo sentirsi uniti nel servizio di una entità superiore è la fonte e la misura della coesione fra marito e moglie; questa comune esperienza è un vincolo molto più forte e più sicuro di quanto possa essere la semplice soddisfazione delle necessità personali ».

Sarebbe triste sentire dire dopo qualche anno: « Se l'avessi saputo prima, non ti avrei sposato », « Se vuoi te ne puoi andare ancora, c'è il divorzio »... Ma tutti sanno che non si può divorziare dalle prime intimità, dai primi gesti scolpiti nella carne. Tutti sanno che il divorzio non è una festa.

Ma una scelta sbagliata, o che si rivelasse piano piano tale, è proprio senza via d'uscita? La porta della speranza in genere è una porta sempre aperta.

Risulta dalla nostra esperienza di consultorio un dato quasi incredibile: le risorse dell'animo umano. Sono state ricomposte unioni traballanti, ricuperate situazioni compromesse, rinforzate scelte scadenti proprio facendo leva su quella porzione di sé ancora sensibile, nonostante tutto, al richiamo della propria coscienza. Anche durante il fidanzamento è possibile qualche colloquio chiarificatore quando vi fossero sintomi di rapporto indecifrabilmente fastidioso.

Afferma testualmente Luciano Cupia [1]:

« Esistono veramente casi senza via d'uscita? O è una visione parziale che si ha del caso? Conviene rispondere a questi interrogativi prima di dire: " Non c'è più niente da fare ". Personalmente credo nelle risorse dell'uomo, nella sua libertà di scelta, nella sua possibilità di autogestirsi. La parola " fine " non è l'uomo che la pone ».

In pratica queste risorse confermano il discorso della maturità della persona, o di quel gruzzolo di maturità che ognuno deve saper trafficare. Una maturità a misura d'infanzia: « se non diventerete come uno di questi piccoli non entrerete nel Regno dei cieli ».

È maturo chi non si sforza di apparire tale o il tipo serioso e supponente... È maturo o è in maturazione colui che è intimamente convinto che la vita è un gioco, ma che la gioia della vittoria nel grande gioco della vita sarà autentica se potremo dire a noi stessi: ho giocato lealmente!

Spunti di riflessione

— Accetto me stesso/a e mi voglio bene così come sono?
— Accetto e voglio bene al partner così come è?
— Quando sono teso/a o arrabbiato/a vorrei che tu...
— Individua almeno cinque qualità del tuo partner.

[1] Fondatore e direttore del « Centro Internazionale di Preparazione al Matrimonio » di Roma (CIPM) e del Consultorio « La Famiglia » e autore di numerose pubblicazioni sull'argomento (Cfr. « Cenni bibliografici, p. 107).

— Scopri almeno tre lati fastidiosi del suo carattere.
— Il verbo «prendo» è al presente: ti senti di dirlo ogni giorno?
— Riflettete su questa frase: «Quante sono le vedove del marito che avevano immaginato!».
— La vita coniugale è una vera vocazione: in che senso?
— Leggete e commentate insieme la *Lettera di san Paolo agli Efesini*: 5,2.21-22.25-33.

2
COME MIA SPOSA COME MIO SPOSO

Qui è l'uomo a parlare per primo, ma finalmente in termini di delicata cavalleria e per dare precedenza d'amore alla sua donna!

Ti prendo «come mia sposa» e non come ninnolo o soprammobile da mostrare agli altri; come sposa e non come medicamento per curare la paura della solitudine; o come «pattumiera» dove rovesciare i miei risentimenti, le mie condanne, le mie lamentazioni, il mio malanimo...; come sposa e non come strumento animato per le mie pretese erotiche...

Ti prendo «come mio sposo» e non come accompagnatore turistico; né tanto meno come banca commerciale; come sposo e non come fiore all'occhiello; come sposo e non come bambino da coccolare...

Sposa, sposare

È interessante leggere sul dizionario la spiegazione di questo vocabolo. Se vogliamo poi rovistare nella lingua latina, troviamo che «spondére» si traduce con «promettere» e che da «respondére» deriva il nostro «responsabile».

Forse non sarà linguisticamente corretto, ma pare abbastanza chiaro che la voce «sposo/sposa» evoca significati di «responsabilità».

Ti prendo come sposa significherebbe quindi: «ti prendo come persona di cui sono responsabile», della quale devo rispondere davanti alla mia coscienza, davanti alla vita, davanti agli altri, davanti a Chi me l'ha «regalata» o «affidata». Io prendo te e sono responsabile di te e della vita a due che nascerà da questa «promessa»... D'ora in poi non dovrò badare soltanto a me, ma anche «fraternamente» al partner.

Si dice «fraternamente», ripercorrendo d'un balzo tutta la storia biblica fino alla provocatoria domanda di Dio a Caino: «Dov'è Abele tuo fratello?» con l'insolente risposta: «Non lo so. Sono forse il guardiano di mio fratello?».

«Che ne hai fatto della tua sposa, del tuo sposo?». Sapremo rispondere in maniera diversa, responsabilmente?

Sesso e cultura

Il femminile «sposa» e il maschile «sposo» forse bastano a introdurre nel discorso «sesso».

Uomini in gonnella e donne in pantaloni sono espressioni popolari che hanno fatto il loro tempo, ma servono a riproporci il senso autentico della *identità sessuale* soprattutto in questo tempo di confusione. Così parlare di sesso «a luce bianca» significa prendere subito le distanze da quello «a luce rossa» che potrebbe non consentire una visione realistica, e più ancora da quello «a luce spenta» dove si potrebbe sbattere la testa contro qualcosa.

C'è stato un tempo in cui di «queste cose» non si trattava e non si doveva trattare. Tutto era avvolto da un discutibile silenzio e i drammi sessuali vissuti dai coniugi cristiani venivano alla luce soltanto nel confessionale dove non di rado mandavano in crisi anche i confessori.

Poi venne il tempo in cui si trattava questo argomento con sussiego e con superiorità magari da parte di persone di scarsa esperienza o di sospetto interesse... Poi si è incominciato a trattarne con qualche connivente sorrisetto, quasi a voler far capire che si poteva chiudere un occhio di fronte a possibili e quasi dovute battute d'arresto. Siamo uomini di carne e ossa, si diceva...

Oggi, sotto l'impulso sconcertante dell'industria del sesso, è scoccata l'ora, per la Chiesa ma anche per gli studiosi seri, di parlarne in maniera il più possibile umana, cioè veritiera. Sarebbe tragico, da parte di tutti, continuare a parlarne da sprovveduti o da superficiali.

Dimensione creativa della sessualità

Il sesso, così come è strutturato, chiama a un incontro, spinge a una relazione, invita cioè a «creare» una situazione nuova di vita nell'amore.

Maschio e femmina si nasce, uomo e donna si diventa, coniugi ci si inventa.

Cosa significa? Significa che la spinta sessuale si trasforma, per volontà d'amore, in scelta personale. Quando tale attrazione viene precisandosi come scelta d'amore per la vita, si attinge il vertice creativo più affascinante che sia dato di raggiungere, nella precarietà degli eventi umani. Ciò vale per la scelta coniugale, per la scelta verginale e celibataria, perché la vocazione all'amore è vocazione dell'essere umano in quanto tale.

Occorre fantasia per amare tutti i giorni senza cadere nella trappola della monotonia. Occorre creatività per trasformare quotidianamente una attrazione istintiva in maniera di vivere basata sul volere bene. Nascere sessuati equivale quindi a nascere proiettati verso un incontro capace di dare senso alla vita. Questa è la prima novità che i due generano nel momento del loro « sì ».

Dimensione procreativa della sessualità

Il sesso, così come è stato inventato, non è fine a se stesso ma è a servizio della vita. Neppure la sorgente beve della sua acqua o la pianta si nutre dei suoi frutti o la strada percorre se stessa. La sessualità è proiettata al di fuori dalla medesima novità creata dall'incontro. Vita nuova domanda vita nuova...

La procreatività va intesa nel senso ampio del termine e non è riducibile alla sfera fisica. Nascere sessuati significa nascere proiettati verso una fecondità d'amore capace di promuovere la vita in tutte le sue forme e con tutte le attenzioni materne e paterne possibili.

Non sarebbe male confrontare certe fecondità d'amore di persone fisiologicamente sterili — le quali con le adozioni e altri gesti compiono dei veri e propri miracoli — con alcune fecondità fisiche di genitori « calcolatori » (i figli sono un impiccio!) e con alcune vicende coniugali vissute con « sterilità d'animo » o peggio ancora con desideri di evasione. È la sterilità del cuore a fare paura.

Dimensione ricreativa della sessualità

Il sesso, così come è stato progettato, evoca anche una atmosfera di gradevolezza romantica o di «clima del cuore» che viene sottolineato anche dal godimento fisico. Sarebbe banale ridurre il tutto a un fatto fisico.

Nascere sessuati significa saper gustare, pur nella precarietà delle stagioni che trascorrono velocemente, i saporosi frutti della maturazione del proprio amore. È la gioia dei cuori a generare l'emozione dei corpi.

La natura è stata fantasiosa nel disseminare sulla strada dell'amore piacevolezze intense e delicate da gustare con tutto lo spessore, non solamente fisico, del nostro essere personale. Saper godere è arte.

Sessualità a immagine di Dio

«A immagine di Dio lo creò, maschio e femmina li creò» (Gn 1,27). La Genesi non è un trattatello sulla sessualità, purtuttavia le sue dense e lapidarie espressioni offrono forse il più antico, il più attendibile e il più sintetico spunto culturale che si conosca.

La sessualità a immagine di Dio non è una trovata per mettere d'accordo il diavolo e l'acqua santa; non è neppure una trovata «clericale» per benedire il sesso e salvarlo dal pantano nel quale è facile talvolta vederlo, né una furbizia laicista per profanare la santità di Dio. Collegare la sessualità a Dio significa semplicemente collocarla nel giusto contesto per vederla meglio illuminata. Le luci rosse danno tonalità strane, e quelle spente non consentono di vedere...

La Bibbia descrive la sessualità in modo «laico» e «religioso» allo stesso tempo. In modo «laico» perché viene data fiducia ad Adamo ed Eva, in quanto creature dotate di una propria identità sessuale e di un preciso programma di vita (« I due saranno una sola carne », Gn 2,24; « Siate fecondi e moltiplicatevi », Gn 1,28); in modo « religioso » perché è Dio a godere di questa sua trovata (« Ed era cosa molto buona », Gn 1,31).

In che senso la sessualità è a immagine di Dio?

Dio è « Amore », o meglio « Relazione d'Amore di Tre Persone », e crea persone capaci di entrare in relazione d'amore; inoltre come Creatore fornisce uomo e donna della possibilità di « riciclare » la vita in varie forme.

Dio è Amore e regala all'uomo e alla donna la possibilità di pregustare nel tempo, qui e ora, il « non ancora ».

È comprensibile come Adamo alla vista di Eva se ne sia uscito quasi allo stesso modo di ogni innamorato davanti alla sua donna: questa sì che « è carne della mia carne, osso delle mie ossa » (Gn 2,23). Come dire: « finalmente comincio a capire qualcosa »... È la prima preghiera umana di cui ci faccia memoria la Bibbia ed è una preghiera esplosiva di lode e di gioia interiore.

In sostanza è come aver detto a Dio: « Bravo Dio e grazie per non avermi lasciato solo ». Miracolo della sessualità « ad immagine di Dio » che si tramuta in preghiera.

Chiamati alla comunicazione

L'io e il tu, ognuno con il suo carattere, con la sua connotazione sessuale, con la sua carica religiosa, stanno decidendo una cosa grossa, stanno decidendo di vivere insieme per sempre e questo non è un gioco da bambini...

C'è un solo sistema per condurre in porto in modo sereno e serio questa avventura; c'è un solo sistema in grado di garantire una condivisione di tutto ed è propriamente quello di saper stabilire da subito un buon stile di comunicazione.

Quando si sente parlare di dialogo e della necessità di parlare, si dà quasi per scontato di esserne capaci. Basta intendersi, si dice. Cosa ci vuole? Con un po' di buona volontà... Come mai allora certi litigi e certe incomprensioni?

La comunicazione non è certamente soltanto da apprendere tecnicamente, ma è innegabile che, essendo all'oscuro delle più elementari regole di essa, si può arrivare anche a combinare dei guai.

« Dimmi come comunichi e ti dirò chi sei »!

Una buona comunicazione è garanzia quindi di una buona relazione.

È altrettanto vero però che non c'è essere umano che non sia qualche volta naufragato in malintesi, equivoci, che lo hanno fatto soffrire oltre ad aver fatto soffrire l'interlocutore. Lo sforzo di mettere a nudo il nostro animo cozza sempre, infatti, contro la pesantezza dei nostri limiti... Eppure si parla tutti la stessa lingua.

Gli studiosi di questa realtà della comunicazione sono arrivati a curiose scoperte. È il caso di analizzarle, se non altro per imparare a « litigare bene » senza farsi troppo male; cioè per imparare a litigare fino in fondo andando « insieme » al cuore dei problemi.

Alcuni esempi di comunicazione

Quando un fidanzato o un uomo dice alla sua donna: « Sei vestita male! » non può aspettarsi una bella risposta, perché egli non sta comunicando ma sta « giudicando ». Tutti sanno che giudicando una persona o un suo comportamento se ne scatena la sua chiusura o la sua aggressività... Siamo alle soglie di un litigio e il dialogo si blocca...

Un modo di dialogare umano ed efficace è quello in cui si bandisce il giudizio sull'altro e ci si impegna a esprimere quello che, qui e ora, si prova dentro. A esempio: « Caro, quel tuo modo di fare mi urta ». « Perché? » « Non lo so, aiutami a capire ». E lui: « Vedi, mi succede così quando mi sento nervoso e stanco ». Il dialogo è avviato e con un po' di buona volontà può essere condotto in porto.

Un altro esempio: « Caro, oggi non posso uscire ». « Sei sempre la solita; rovini tutti i piani ». La comunicazione si interrompe, perché lo stimolo era in chiave di espressione di un sentimento e la risposta è in chiave di giudizio e per di più generalizzato (« sempre la solita »). Sarebbe stato logico domandare: « Perché non puoi uscire? Avevamo deciso di vederci, cosa è successo? ». Così il dialogo sarebbe giunto a maturazione.

Da questi semplici esempi si può trarre una specie di *regola d'oro della comunicazione*: esprimere all'altro ciò che si prova, donargli il proprio mondo interiore così come si trova, qui e ora.

Qualcuno potrà dire di non avere sempre disponibilità interiore o tempo per farlo, ma anche qui è questione di buon senso e di educazione.

Non si tratta di diplomazia ma di correttezza con se stessi e con gli altri, perché ciascuno è padrone di provare tutti i sentimenti che crede ma nessuno ha il diritto di giudicare, di accusare, di incolpare, spesso definitivamente, gli altri.

Dialogare insomma è «dirsi la vita mentre si vive», guardare l'altro vivere e lasciarsi guardare e trarre da questa osservazione il nutrimento per l'amore.

Su che cosa intendersi con chiarezza

Ci sono delle realtà sulle quali è importantissimo sapere come la pensa il partner, perché su di esse si fonda tutta la costruzione di una vita d'amore.

Ci si deve interrogare sinceramente a esempio sul modo di valutare la *vita*. Per alcuni il vivere ha il chiaro sapore di risposta a una vocazione e la vita può diventare allora una sorta di «missione esistenziale». Se uno dei due non valuta la vita come «missione» o è refrattario a questa idea, è opportuno tenerlo presente.

C'è poi il modo di considerare il *matrimonio*. Tanti matrimoni hanno zone oscure di non condivisione. I partner sembrano due individualità, due rette parallele...

Se da uno dei due il matrimonio è considerato una specie di «prova di resistenza», con possibilità di divorzio nel caso la resistenza salti, è chiaro che ne consegue tutta una serie di problematiche da non trascurare.

Un terzo fattore importantissimo sul quale intendersi è quello dei *figli*. Ogni matrimonio include il discorso della fecondità. Se nel discutere con il proprio partner ci si accorge che l'argomento figli provoca risposte evasive o irritazione o arrampicamenti sui vetri, c'è da tenerne conto seriamente. Se uno vuole figli e l'altro no, il problema è più che serio.

Un altro tema di dialogo molto importante, anche se non sempre se ne parla, è quello della *fede religiosa*. Essere di fede diversa non è di per sé ostacolo all'amore coniugale. Lo può diventare però quando, più o meno sottilmente, uno dei due cerca di prevaricare sull'altro senza rispetto.

Chi non conosce uomini (o donne) che irridono, magari davanti ad amici e parenti, la fede religiosa delle loro mogli (o mariti)? Questa differente sensibilità religiosa può creare problemi nel caso della educazione dei figli.

Oggi si sente dire che è meglio mantenere un atteggiamento di neutralità al riguardo. La neutralità è la dittatura del nulla. Sarebbe come condurre uno nel deserto e invitarlo a muoversi dove crede. La libertà in un deserto fa impazzire.

Gli psicologi dicono che i figli hanno bisogno di figure significative per strutturare la loro personalità in formazione. Quindi se i genitori sono di fede diversa dovranno stare attenti di evitare messaggi contrastanti. La via d'uscita sembra comunque quella dell'estremo rispetto reciproco e della paziente attesa.

Questi sono i punti fondamentali su cui intendersi. Altri argomenti da esplorare possono essere: la salute, i suoceri, i soldi, il lavoro della donna fuori casa, la politica...

Andare d'accordo, essere d'accordo

Un detto inglese avverte: «Due persone vanno d'accordo quando sentono contemporaneamente il bisogno di litigare». Fa più male la paura di litigare, infatti, che il litigio stesso.

Paradossalmente parlando si può *andare* d'accordo anche senza *essere* completamente d'accordo.

Andare d'accordo fa parte di una scelta di volontà. Una persona può volere andare d'accordo, benché riconosca razionalmente di non essere d'accordo su ogni cosa.

Dio medesimo *va* d'accordo con noi anche se non *è* proprio d'accordo con noi quando, per esempio, siamo nel peccato.

Rassegnarsi, sopportare...

Un veleno capacissimo di rovinare la relazione è quel sottile atteggiamento di rassegnazione o di sopportazione davanti agli aspetti poco gradevoli della persona amata. Nasconde quasi la presunzione di essere impeccabili con la sfortuna di aver incontrato un triste destino. « Va bene, hai ragione tu ». Chi non ha detto qualche volta questa frase? In fondo questa frase può significare: « Benché io abbia evidentemente ragione, tuttavia mi rassegno a cedere davanti alla tua ignoranza ».

Quando si « accetta » integralmente l'altra persona non ci si deve « rassegnare » davanti ai suoi limiti, quasi a voler mostrare la propria bravura nel « sopportare » il castigo.

La « sopportazione » dell'altro è una sottile forma di superbia.

La sopportazione è, a voler ben guardare, un divorzio congelato. Ecco perché non si sente calore insieme a persone che si sopportano...

Spunti di riflessione

— Per me la sessualità è soprattutto...
— Quali gesti affettuosi del partner faccio fatica a sopportare?
— In che senso la sessualità e l'amore sono immagine di Dio?
— Esercitatevi a trasformare in « comunicazione » queste espressioni non proprio comunicative: « La devi smettere di fare la stupida », « Certo che con uno come te è impossibile continuare! ».
— Nella Bibbia vi è un libro, il *Cantico dei Cantici*, che esprime in forma poetica l'amore di due amanti: Dio e il suo popolo. Leggilo insieme con il tuo/a partner, per scoprire la bellezza e profondità del linguaggio d'amore.

3
E PROMETTO DI ESSERTI FEDELE SEMPRE

Si potrebbe intitolare questo capitoletto « La stranezza della fedeltà » perché, pur ritenendo la fedeltà in generale un valore indiscutibile, non sempre viene considerata come tale la fedeltà « coniugale ».

Eppure la fedeltà è un modo, il modo ottimale di vivere l'amore coniugale.

La prima cosa che colpisce è questa: spesso la fedeltà la si esige ma non la si offre. È un po' come nell'amicizia: tutti vogliono *avere* un amico, ma spesso non si preoccupano di *esserlo*...

Una macchina per scrivere che improvvisamente si blocca sembra « tradirci »; una pianta che non cresce ci innervosisce, perché pare che ci prenda in giro; una persona più o meno conosciuta che viene meno a qualche ideale proclamato e abbracciato ci provoca desolazione...

Come si può notare, la fedeltà la si pretende dalle cose, dalle piante, dagli animali, dai propri simili.

Nell'ambito della fedeltà coniugale, pregiudizi, immaturità ed egoismi, esempi poco edificanti e messaggi culturali alla moda, rischiano di trasformare il valore della fedeltà coniugale in un peso, in un problema, in una condanna... almeno per certe persone.

La fedeltà come possibilità

Si può essere fedeli con differenti atteggiamenti interiori, così come si può essere «vivi» in varie maniere. Non è sufficiente essere vivi per dire di vivere bene.

Occorre una scelta di fondo capace di dare senso alla vita umana. Così è della fedeltà. Si è fedeli perché si ama, non perché ci tocca esserlo.

Vi sono coniugi per i quali la fedeltà è semplicemente la *possibilità* di maturare l'amore nel tempo.

Essi sono intimamente e reciprocamente convinti che la fedeltà è un fatto interno all'amore ed è un fatto di coerenza; coerenza con se stessi, coerenza alla parola data, alla scelta fatta.

La fedeltà diventa così l'impresa quotidiana di tenere viva l'eco di quel «sì», un sì d'amore che risuona nel tempo e oltre le soglie dell'al di là. Per vivere la fedeltà è quindi indispensabile l'amore.

Talvolta però è proprio una scadente qualità d'amore ad aprire le porte alla infedeltà.

Si dice che l'amore è *dono totale* di sé e accettazione dell'altro. Ebbene quando il dono di sé è al risparmio e l'accettazione dell'altro è a certe condizioni, allora restano degli angoletti vuoti, facile bersaglio per le tentazioni.

L'amore è profonda *relazione interpersonale* fatta di stima, di rispetto, di condivisione.

Se tali atteggiamenti fondamentali d'amore sono acerbi, può accadere di essere tentennanti nella fedeltà; mancando cioè la vera stima, il rispetto o la condivisione dei sentimenti diventa facile «sognare» un'altra persona da stimare, da rispettare, con cui condividere qualche frammento di vita...

L'amore è *fecondità, sacrificio, religiosità*. Ritenerlo soltanto uno stare bene insieme può essere rischioso allorquando dovesse presentarsi qualche scricchiolìo.

L'amore è scelta di *vivere con l'altro* con tutto il peso concreto e drammatico, fantastico e tenero, impegnativo e umoristico che la vita in comune comporta.

La fedeltà come problema

Chi non abbraccia il futuro nell'amore rischia di vedere lo stesso presente tramutarsi in problema. L'amore è dotato di questa capacità di fare corpo unico nel tempo, nello spazio, nei sentimenti, nei sogni, nella carne. Quante volte capita di sentire dire: « Mi sembra di conoscerti da sempre ». L'indecisione nell'abbracciare il proprio futuro o quello del coniuge, nella gioia e nel dolore, si ripercuote problematicamente sul presente.

Ciò è dimostrato anche dal clima di ansietà che caratterizza certe convivenze basate sull'idea: « stiamo insieme fintanto che non ci stufiamo ».

È vero che in certi casi la fedeltà può diventare un problema, ma un conto è risolvere il problema nell'amore, un altro è fare diventare l'amore un problema.

La fedeltà come peso

E così la fedeltà, che dovrebbe essere una possibilità per riuscire in amore, diventa gradatamente un problema fino a tramutarsi in vero e proprio peso...

Talvolta si sente qualcuno sospirare: « Meglio non sposarsi, meglio rimanere liberi », oppure: « Ho firmato la mia condanna »...

Il matrimonio male interpretato finisce così per generare questa strana forma di rassegnazione. Di conseguenza può succedere di vivere la fedeltà come dovere, come imposizione esterna, come giogo... Quella che doveva essere la « condizione » normale per vivere l'amore diventa « condizionamento » che incatena l'amore.

È segno che qualcosa non deve essere andato bene nelle tappe di formazione della persona. Infatti la fedeltà non è virtù che si improvvisa.

Allenarsi alla fedeltà

Il discorso si collega a quello della preparazione al matrimonio, oltre che a quello remoto della maturazione della persona.

La riuscita in una impresa dipende in gran parte dall'interiore atteggiamento di fedeltà al progetto iniziale, all'impegno assunto. Non ci si improvvisa « guidatori » o « piloti » o « docenti » o « elettricisti » o « consulenti » né tanto meno ci si improvvisa « coniugi ». Occorre dinamicamente formarsi una mentalità e riandare quotidianamente alle radici della propria scelta.

Occorre essersi creata una « mentalità matrimoniale » corretta. E prima ancora essersi abituati a riconoscere i propri meccanismi di personalità, averli accolti, riconoscendone i tempi morti e le riprese fantastiche. È un po' il discorso della conoscenza del proprio e altrui carattere.

La fedeltà a se stesso come essere personale, fonda la fedeltà all'altro come valore personale e anche la fedeltà reciproca come progetto coniugale.

Non di rado tante infedeltà coniugali trovano la loro spiegazione in una mancata stima di sé (così come l'acidità di carattere può essere sintomo di un poco amore per sé) con conseguente precaria maturazione personale. Quando non ci si allea con se stessi risulta anche traballante l'alleanza con altri.

I corrosivi interni della fedeltà

La fedeltà è come il silenzio. Con poco si può rompere.

Conviene riconoscere per tempo la lenta e progressiva azione corrosiva di certi fattori.

Chi non ha sentito parlare di *gelosia?*

Come si sa, la gelosia in forma grave è l'anticamera della infedeltà. Un pizzico di gelosia è comprensibile e sembra far parte dell'amore o fors'anche ne è una perdonabile civetteria. Diventa una trappola mortale invece quando nasce da una *mentalità possessiva*. Infatti la gelosia, così come il sospetto sistematico nei confronti dell'altro, nasce su questo terreno: « Io possego questa persona e proibisco in tutti i modi ad altri di rubarla, di guardarla, di desiderarla... ». Chi sta sotto questa cappa non vede l'ora di « liberarsene » magari vendicandosi...

Discendente diretto della gelosia è il *ricatto affettivo* che si esprime in vari modi. Quando per esempio si dice: « Se mi vuoi veramente bene non dovresti accettare passaggi in macchina da nessuno », in realtà si limita la libertà della persona, le si impone un comportamento...

Queste sono frasi che ottengono spesso il risultato contrario. Possono dare il via a una ipocrisia strisciantte. L'amore è libertà, quindi libertà dal male, dal male della gelosia, del ricatto, del sospetto sistematico, della disistima.

Anche la *routine* della vita coniugale può nascondere una insidia per la fedeltà. Appendere le scarpe al chiodo in segno di mancanza di fantasia è deleterio. Nulla da meravigliarsi se uno dei due sogna e sognando desidera e desiderando evade. La fedeltà richiede fantasia e furbizia, richiede la fantasia di mantenersi nuovi nella sempre uguale dinamica della vita.

Anche la *sciatteria* e la *trascuratezza* possono mettere a dura prova la fedeltà. Mogli che si « curano » soltanto quando escono di casa e sono trasandate in casa; mariti che fanno i galanti e gli educati solo con terze persone e diventano pesanti e noiosi fra le pareti domestiche possono spingere inconsapevolmente il partner alle soglie della infedeltà.

Inoltre i *pregiudizi*. Si sente dire da alcune donne più o meno vittimistiche: « So che mio marito mi tradisce, ma cosa vuole: l'uomo ha le sue esigenze ». Questa frase contiene amarezza ma contiene anche la premessa e il lasciapassare per la propria infedeltà. Anche se certa psicologia parla di infedeltà del corpo (riferita all'uomo) e di infedeltà del cuore (riferita alla donna), proprio a ragione delle differenti strutture psico-affettive, non si può avallare il pregiudizio che l'adulterio sia quasi scontato per l'uomo e negato alla donna. La pari dignità personale è la sonora smentita.

Poi c'è la *infedeltà a piccole dosi*.

Luciano Cupia, direttore del CIPM, scrive: « L'evasione da precisi doveri è già una infedeltà in incubazione ». A esempio, altri « impegni » di lavoro, di partito, di svago, di dedizione al prossimo intesa male, possono rivelarsi insidiosi se vissuti individualmente e non condivisi. Si sente dire infatti: « Ma chi hai sposato, me o la sezione o la parrocchia o l'ufficio? »...

Infine le *tentazioni da deserto*. Sono insidiose più di quanto non si creda. Sono quelle tentazioni ricorrenti, capaci di mettere in discussione tutto (« Ma valeva la pena di sposarsi? »). Sono i momenti gelidi della solitudine o della incomprensione, i momenti nei quali pare che solo gli « altri » o le « altre » (e non il partner) ci possano apprezzare, capire, aiutare a risolvere. Sono i momenti in cui la morte dell'amore, la morte del proprio amore, sembra essere un dolce aperitivo che invita a provare altri piatti, altre ricette...

I corrosivi esterni della fedeltà

A questo punto il tono del discorso potrebbe sembrare « terroristico ». In realtà i pericoli ci sono e non è il caso di fare « la politica dello struzzo ».

L'epoca odierna, nel suo insieme, non aiuta certamente a essere fedeli. Così come offre la consumazione dei prodotti offre anche la consumazione dei rapporti interpersonali.

Una certa moda culturale dà quasi per scontato il tradimento. Tempo fa un rotocalco asseriva con sussiego che il 90% degli uomini italiani tradiva o pensava che avrebbe tradito la propria moglie. Si parla di « scappatelle » solo per l'uomo, mentre per la donna si usano altre terminologie... Si parla di « perdere la testa », ecc.

Gli episodi di infedeltà sono il piatto preferito dai rotocalchi. Tutto ciò fa sembrare fuori tempo quelli che si mantengono fedeli.

Rischia di crearsi la mentalità secondo cui quando a essere « normali » si è in pochi si finisce per credersi « anormali ». E così gradatamente si prova l'avventura.

Fra i corrosivi esterni non va dimenticata tutta quanta la persona. È una espressione generica ma ognuno può benissimo precisarla a piacere. Siccome il progetto della fedeltà è intimamente incluso nel progetto amore, ne deriva che tutto quanto attenta in qualche modo all'amore, attenta per ciò stesso alla fedeltà.

Fedeltà e fede

Se è vero che «il cuore ha delle ragioni che la ragione non conosce», anche la fedeltà è toccata dalla sfera «religiosa» e va vissuta in tale contesto.

La fedeltà reciproca, cioè, non si regge solamente su autoconvincimenti anche profondi.

La grazia del Signore è aiuto sistematico, derivante dal sacramento, ed è anche aiuto puntuale in momenti particolari.

Pregare il Signore di aiutarci, sostenerci e proteggerci «dal male» non è una pia pratica, ma è sistema normale di potenziamento della fedeltà.

A garantire la fedeltà è la fede. Senza offesa per coloro che in luogo del valore della fede mettono altri valori comunque «creati» dal Dio che magari non conoscono o non riconoscono più... La fedeltà quindi regge se ci si crede ma anche e soprattutto se si crede.

La legge del perdono

Molte leggi umane, per salvaguardare l'unità della famiglia ritenuta un valore, puniscono l'adulterio. L'infedeltà è insomma considerata una colpa dall'etica culturale. Ma le leggi civili non possono ordinare il «perdono» come risarcimento. È soltanto nella dialettica di Dio che viene esplicitata tutta la forza dell'amore. L'amore rappresenta il superamento della legge. La legge dell'amore diventa così il punto di riferimento per chi vuole testimoniare la verità. Una delle prerogative dell'amore è quella di fare cicatrizzare le ferite. Recenti scoperte psicologiche hanno sottolineato addirittura la forza «terapeutica» dell'amore.

Forse non esistono ragionamenti umani capaci di far digerire alla persona tradita il duro cibo del perdono chiesto dal partner che ha sbagliato.

Comprendere e perdonare non significa affatto giustificare bensì «accettare» totalmente l'altro in questo «dolore»...; anche perché se non si riesce a raggiungere la vetta del perdono (vetta sulla quale è facile avere le vertigini se non ci si appoggia al Signore come guida...) la susseguente vita d'amore con il partner può tingersi di toni autunnali, nebbiosi, cupi, malinconici, desolati. Il perdono è una conquista, è un atto di coraggio e di forza interiore.

Rivolgendosi a persone che vivono il loro matrimonio nella fede, non si può non additare la *misericordia di Dio* nei confronti della creatura peccatrice, che siamo tutti noi.

Tante sono le metafore della Bibbia che fanno risaltare questa misericordia. C'è anche il libro del profeta *Osea* che viene caldamente consigliato a fidanzati e sposi. Per qualcuno potrebbe essere una piacevole scoperta.

Dio che è Amore ha dimostrato in Cristo quanto sia necessario essere in sintonia fra persone (ubbidienza religiosa), quanto ciò comporti sacrificio (la croce) e quanto tutto ciò sia essenziale ai fini della nascita di realtà nuove (chiesa, vita nuova della grazia).

Spunti di riflessione

— Se tu mi tradissi io...
Sono sicura/o che non mi tradirai mai...
Se ti vedo ferma/o con qualcuno/a sappi che vorrò spiegazioni...
Mi sentirei più sicuro/a di te se facessi come dico io...
Crederò in te anche contro ogni evidenza...
Commenta col partner (o in gruppo) queste espressioni. Quale mentalità e atteggiamenti emergono?

— Nemico della fedeltà non è l'eccesso ma la mancanza di libertà. Cosa pensate a riguardo?

— Nei momenti di difficoltà e di crisi quale incidenza ha la parola del Signore?
Leggete il brano evangelico le *Nozze di Cana* (Gv 2,1-11), un racconto che sottolinea l'intervento miracoloso di Gesù in un momento di difficoltà: «Non hanno più vino!»

— «Con la legna promessa non si scalda la casa» (Proverbio russo).

4
NELLA GIOIA E NEL DOLORE

Questo è un capitolo « difficile » da scrivere e non tanto per il versante della gioia quanto per il versante del dolore...

Si parla volentieri di gioia ma è il dolore a « rovinare » tutto.

Quale vita nasce al riparo dal dolore, se già nascere avviene tra « doglie »? Quale vita non conoscerà gioia se già il primo vagito avrà generato sorriso?

Un natale, la storia lo insegna, non è mai senza calvario. Una vita non è mai senza croce. Tante frasi così scontate e messe in bella fila non basterebbero comunque né a fissare l'incantesimo della gioia né a scongiurare lo spettro del soffrire.

L'espressione « nella gioia e nel dolore », se da un lato dà la misura di una precarietà che scorre veloce, dall'altro serve a indicare che, solamente nella culla di questa precarietà, è possibile veder sbocciare la gioia...

Sensazioni di tristezza che talvolta possono sconfinare nella desolazione ma anche emozioni vibranti, vertici d'estasi...

Anche la vicenda dell'amore è soggetta a questa legge, quasi come legge di natura. Si alternano nel tempo le stagioni dell'amore ciascuna con i suoi colori, i suoi nascosti messaggi, i suoi discreti inviti, le sue preziose allusioni: la primavera cinguettante, l'aurora dell'amore, la calura, la struggente nebbiosità d'autunno, il tramonto, l'incanto del candore della neve... tutte al servizio di una purificazione mai raggiunta e pur sempre ambita!

Faranno bene i futuri sposi, faranno bene i fidanzati a cogliere, in questo lento scorrere delle stagioni della vita, il frutto più nutriente che sia dato all'uomo di assaporare, il frutto della maturazione del loro amore.

In ogni vita si alternano momenti belli e meno belli, briciole di stupore frammisti a sussulti di disperazione, sorrisi e lamenti. La vita è pianto e danza. Se il Signore ci chiama col flauto danziamo, se ci chiama col lamento piangiamo.

Talvolta pianto e danza sono compenetrati, murati quasi l'un dentro l'altro in modo inestricabile, sì che al fondo di una gioia si assapora già l'amaro della sua non definitività.

È la legge del « tutto passa » cara alla filosofia greca. Ma ugualmente, al fondo del più tenebroso dolore, la medesima legge del « tutto passa » ci avverte sommessamente di una nuova possibile aurora di quiete, magari di là dal tempo...

Forse il livello che può unire maggiormente due coniugi è proprio quello della disarmante condivisione del comune destino di esseri mortali, della condivisione cioè del nascere, del vivere, del travagliare, del morire... del risorgere!

Ecco perché la fedeltà che si promette di mantenere « nella gioia e nel dolore » è veramente la misura del vero amore. Non è una promessa da rotocalco, ma un impegno esistenziale in piena regola, espressa bene dal poeta Giovanni Ferrotti nella poesia *Era solo una foglia*[2]:

Era solo una foglia
secca
che sospinta dal vento
danzava tra le pietre.
Era canto di gioia
di una vita consumata
nel ricevere luce
e ridonarla.
Era di me
l'anelito profondo
di vivere donando
poi morire
così...
cantando.

Il balsamo dell'amicizia

Quando si gioisce si rischia talvolta di ignorare gli altri. Nel dolore invece si cerca quasi istintivamente di appoggiarsi agli altri. La consolazione sta certamente nella fede, ma non può esistere consolazione o confronto senza la *presenza dei fratelli*.

In questo senso l'amicizia resta la relazione umana ottimale, sia per la espansione della gioia, sia per la condivisione del dolore. È curioso questo meccanismo: la gioia si moltiplica condividendola; il dolore invece sembra ridursi quando lo si condivide.

Un balsamo capace di lenire il dolore è proprio quel-

[2] Dalla raccolta « Danza di foglie secche », Ed. Graphos.

lo dell'amicizia, quella vera, quella che ha deciso la condivisione profonda e fattiva, una specie di vita d'amore parallela che sboccia e fruttifica a modo suo nutrendo i giorni. « Non vi ho chiamati servi ma amici ».

È essenziale che i partner sappiano coltivare relazioni di amicizie autentiche e disinteressate e che sappiano essere loro stessi amici autentici e disinteressati.

Gradatamente poi queste amicizie diventeranno a loro volta generatrici di amicizie.

Spunti di riflessione

— So scoprire i segni della gioia seminati da Dio nella mia vita e mi ricordo di essere riconoscente?
— So « creare » gioia mantenendomi sereno?
— So scoprire, nella fastidiosa e intricata trama del dolore, qualche nascosto messaggio di Dio?
— So « vivere » il dolore non pesando troppo sul partner?
— Siamo predisposti a condividere tutto e a condividerlo con Dio?
Ascoltate il suo invito attraverso il *Libro del Siracide* (6,7-17)

5

NELLA SALUTE E NELLA MALATTIA

Un sano realismo vissuto con amore

A prima vista questa insistenza sembra fuori luogo, ma a ben guardare risulta opportuna e provvidenziale.

Infatti nella vita coniugale, così come in ogni tipo di vita, può succedere di scoppiare di salute e contemporaneamente essere interiormente addolorati; oppure di essere straziati nel corpo dai morsi della malattia e interiormente sereni...

Questo realismo a cui richiama la formula non deve sconcertare. È una sorta di avvertimento scarno e dal sapore quasi iettatorio ma sempre da tenere presente.

Sotto il fardello della sofferenza fisica, talvolta capita di vivere momenti di disperazione e di urlare bestemmie. Quando poi la malattia si impone come inquilina scomoda, fra le pareti domestiche, per lunghi periodi scatena una modificazione dei rapporti interpersonali, tali da mettere a dura prova il medesimo legame d'amore.

Nel romanzo *Lettere di Nicodemo* [3] si legge: «La sofferenza degli altri crea in noi un chiuso mondo di rapporto con essi, un mondo nel quale non si può vivere ma dal quale è impossibile evadere».

[3] Di Jan Dobraczynski, Ed. Morcelliana.

Tutti siamo a conoscenza della storia di Giobbe, uomo paziente. La parola « pazienza » deriva dal latino « patire » ma nessuno vuole accettare che tocchi a lui. La sofferenza non è né desiderabile, né auspicabile... Il livello di accettazione di essa è soltanto quello della fede. Nessuna parola o spiegazione può far digerire la sofferenza... Soltanto la « Parola fatta carne » lo può! Questa è l'unica via d'uscita. Da quando Dio ha visto soffrire e morire suo Figlio unigenito nessuna sofferenza è inutile. Nulla va perduto nell'economia della salvezza a patto di saperlo offrire, magari a denti stretti... Dio, si dice, non ci protegge dalla sofferenza ma nella sofferenza.

Le forme della sofferenza possono essere varie e imprevedibili: una febbre subdola e insistente, un malanno oscuro più o meno ciclico, il destino di una improvvisa tragedia, l'angoscia di qualcosa di imminente « come pioggia da millenni », forse la medesima vita consumata giorno dopo giorno come una lunga paura di morire...

E che dire della intima sofferenza di chi si trova veramente impotente davanti al male del coniuge o dei figli?

In ogni caso, una croce non è mai da far pesare come fardello di colpa, nessuna croce, neppure quella che a calcolo umano sembrerebbe la « giusta punizione » del peccato...

E quand'anche ci si trovasse immersi nel vicolo cieco di una sofferenza cronica e inguaribile, ricordiamo che il malato potrà essere sì inguaribile (ma i miracoli li sappiamo meritare?), ma resterà comunque « curabile » con l'amore, la presenza, la condivisione, il sostegno.

Sarebbero parole vane queste se non nascessero da quanto ognuno sperimenta di patimento e di paura nella propria carne e in quella di coloro che di più ama nella vita.

Spunti di riflessione

— Se dovessi ammalarmi spero di...
— Se tu dovessi ammalarti io...
— «Vi esorto, dunque, fratelli, a offrire voi stessi a Dio in sacrificio vivente, santo, a lui dedicato, a lui gradito» (Rm 12,1).
— Ritenete possibile «trasformare» la vita di coppia in un «culto» gradito a Dio? In che modo?

6

E DI AMARTI E ONORARTI

Benché fiorisca con facilità sulla bocca di ogni fidanzato l'espressione « amore mio », restiamo maledettamente bloccati allorquando ci si chiede di definire l'amore...

Come descrivere la capacità affettiva o la capacità di amare? È la capacità di vivere bene le relazioni con se stessi, con gli altri, con la natura, con Dio. È la capacità di fondo della natura umana di farci sentire vivi dentro.

Tutto è relazione al mondo e, analizzando con un po' di attenzione ogni tipo di relazione, ci risulta chiaro a che cosa è finalizzata ciascuna relazione.

La relazione umana è una relazione al servizio dell'amore, è una relazione per amare.

Sconvolta questa capacità originale di fondo, resta persino difficile parlare di « esistenza »; infatti chi non si « sente amato » è refrattario ad amare. Esiste male.

Vi sono anche blocchi di « crescita » in coloro che non hanno avvertito di essere amati.

E anche la medesima procreazione, se non avviene in un contesto d'amore, si tinge di ansietà e di paura. Basti pensare a quelli che aspettano un figlio non ancora certi del proprio amore. Pensano all'aborto come soluzione, non considerando di aggiungere problema a problema.

La fecondità dell'amore

Si dice che per fare un uomo occorrono vent'anni, per fare un bambino un'ora d'amore.

L'amore è vita, è fecondità, è procreatività. Una delle più belle definizioni d'amore è questa: « amare significa dire a una persona, tu non morirai mai ». Ecco collegati amore e vita.

La Bibbia invita: « Siate fecondi e moltiplicatevi, riempite la terra; soggiogatela e dominate sui pesci del mare e sugli uccelli del cielo e su ogni essere vivente che striscia sulla terra » (Gn 1,28).

La stessa Bibbia invita ancora: « Non desiderare una moltitudine di figli buoni a nulla, non gioire per figli empi. Se aumentano di numero non gioire, se sono privi del timore del Signore. Non confidare su una loro vita lunga e non fondarti sul loro numero, poiché è preferibile uno a mille e morir senza figli che averne degli empi » (Sir 16,1-3).

Sembrano quasi due poli opposti. In effetti la « responsabilità » procreativa è un fatto di coscienza, aperta alla vita nelle sue varie forme.

Il figlio a ogni costo

È questo un tasto difficile e delicato! Resta indiscutibile il valore della coppia come unità d'amore. Questo va ribadito al di là di ogni potenzialità generatrice per evitare ansie e nevrosi da sterilità.

Il destino di una *sterilità fisica* però (per la quale possono essere in egual misura responsabili uomo e donna), non ha nulla a che vedere con la condanna a morte dell'amore.

Esistono altri tipi di fecondità.

Nella liturgia del matrimonio c'è la benedizione della sposa in ordine alla fecondità. Mi chiedo: perché non inserire una speciale benedizione agli sposi, in caso di mancata fecondità fisica, affinché Dio susciti in loro tale voglia di vita, da renderli capaci di altre scelte quali l'affido, l'adozione, il servizio gratuito ai fratelli! Una benedizione che aiuti a vivere la sterilità fisica, come « modo » per espandere la *fecondità morale*.

L'eventuale peso di sofferenza, che tale destino può costituire per talune coppie, va condiviso nella preghiera e nella accettazione. È meno disagevole accettare un destino che chiudersi nella disperazione o praticare alternative logoranti.

Tutti sanno, infatti, come sia statisticamente difficile avere il figlio « a ogni costo ».

Avere figli o essere genitori?

Ci risiamo ancora con il verbo avere. Non è detto che « avere » figli sia di per sé garanzia di capacità « procreativa » nel senso completo del termine.

Nel mondo umano la procreazione include l'impegno responsabile della educazione, della crescita umana del figlio.

Il primo elemento a favore di una procreazione responsabile è quindi quello della « *non possessività* ».

Il figlio non è una proprietà privata, ma un prestito da restituire « trafficato » alla vita. È un talento che ci viene affidato da «investire» nell'amore... Scrive il poeta Gibran: «I vostri figli non sono figli vostri...».

Scaturisce da qui tutto il discorso della «*gratuità*» dell'essere genitori. Si è veramente «genitori», cioè generatori di vita, quando ci si mette umilmente a servizio di essa.

I genitori possessivi, tra l'altro, incastrano sovente i figli nella morsa della *iperprotezione*. Proteggere troppo una persona equivale a non farla sentire capace di nulla. Così come la mancanza di protezione può generare nel figlio la penosa sensazione di non contare niente. L'equilibrio va trovato subito, magari tra errori e aggiustamenti di tiro.

Come «educare» i figli?

Si tratta di dare vita insieme e dall'inizio a un clima improntato alla accettazione, all'intelligenza, alla libertà, all'amore.

Accettazione: prima di tutto accettazione reciproca dei due coniugi fra loro. Sembrerà strano, ma risulta dall'esperienza che solo accettando una persona si può incominciare a conoscerla. Un regalo lo si apprezza dopo averlo «accettato». Il figlio si accetta a scatola chiusa.

Intelligenza: il figlio va capito, bisogna sapergli leggere nel profondo, non bisogna dare nulla per scontato, bisogna rispettarlo veramente durante le sue fasi di crescita, aprirsi alla meraviglia delle scoperte insieme a lui, capire che lui non è la fotocopia dei genitori, né tantomeno uno schermo dove il genitore proietta i suoi sogni infranti; il figlio va trattato con riverenza, perché ha un destino personale irripetibile assegnatogli dall'amore di Dio. Il figlio non va né posseduto, né conquistato, va solamente capito.

Libertà: educare alla libertà significa insegnare con la vita la chiave giusta per avviarsi nel terreno dei valori. Cosicché è parimenti pericolosa sia la *neutralità* educativa (« fai come credi ») sia la *dittatura* educativa (« fai come ti dico io »).

Educare alla libertà significa essenzialmente educare all'intelligenza, significa orientare al senso critico. Cosa dire di chi volendo educare alla libertà suggerisce di muovere un braccio come capita, magari anche spezzando l'articolazione? Cosa dire di chi volendo insegnare ad andare in bicicletta suggerisce di guidarla come si crede? Ci sarà pure una regola per mantenersi in equilibrio?

Educare alla libertà equivale a introdurre il figlio nelle fibre delle leggi morali che vanno considerate come istruzioni per l'uso corretto del congegno personale.

La vera libertà è libertà dal male, non libertà di fare il male. Non è, ancora, adeguarsi al comportamento della maggioranza.

Amore: l'amore va considerato come il vertice dell'accettazione, dell'intelligenza e della libertà. Si può fare del bene a una persona soltanto se le si vuole bene, il suo bene.

Amare significa vivere « con » i figli. Qualcuno sa che è più facile vivere « per » i figli magari sottoponendosi a doppi o tripli lavori per accontentare i « loro vizi » e i propri, anziché pazientare « con » loro, giocare « con » loro, passeggiare « con » loro.

Amore come sacrificio, quindi. Ecco il « clima » del cuore!

C'è anche da stare attenti a non commettere l'errore di recitare la parte dell'educatore anziché « essere educatori ». I figli se ne accorgerebbero subito. Non è sufficiente dire « sono tuo padre » per avere valenza educativa.

Uno spunto per l'educazione religiosa

Di consigli su come impostare l'educazione religiosa in famiglia ce ne sono a bizzeffe [4]. Qualcuno sembra però partire dall'alto. Senza fare torto a nessuno occorre qui ribadire che al centro dell'educazione è sempre la persona umana; quindi, metodologicamente, si deve partire da essa. Un po' come succede a chi volendo bere del buon vino incomincia col « curare » la vigna.

Non dovrebbe sembrare profano o fuori luogo tutto il lavoro « propedeutico » al vero e proprio lavorio dell'educazione religiosa.

Insegnare al figlio a dire « grazie » è « propedeutico » al fargli dire « grazie a Dio »...

Soltanto vivendo « religiosamente » si può educare la religiosità.

Esiste un *itinerario* di educazione cristiana che parte dal battesimo e via via si articola, attraverso i diversi sacramenti, in un contatto permanente con Cristo nella Chiesa. Ma anche dando per scontato questo, va sottolineato che quanto è stato affermato circa il clima educativo generale fa da premessa o da parallelo all'educazione religiosa.

Se infatti analizziamo il messaggio cristiano troviamo che è un messaggio *d'amore* da *accettare* nella profonda *libertà* della propria coscienza in modo da *capirlo*... intuendo che sullo sfondo c'è un Padre che ci ama nel Figlio...

[4] Cfr. « Cenni bibliografici », p. 107

Uno spunto per l'educazione sessuale

L'educazione sessuale fa parte dell'educazione generale della persona e spetta alla famiglia. Eventuali interventi di supplenza o di sistematica integrazione non possono essere attivati senza il consenso di essa.

Una buona educazione sessuale inizia prima della nascita del figlio e consiste nell'impegno di vivere una serena sessualità coniugale.

Prima ancora che il figlio faccia domande e prima ancora che il figlio possa «capire» vive sensazioni: sentire una voce che urla e una voce che è sempre sommessa, può essere un messaggio di disarmonia e può costituire un primo problematico impatto con la vita.

Dal momento delle domande, le risposte dovrebbero caratterizzarsi per:

Tempestività: per evitare al figlio la penosa esperienza dell'elemosinare a destra e a sinistra la soddisfazione alle sue domande.

Veracità: bisogna dire la verità perché, come ammonisce il Vangelo, è questa che «ci fa liberi». In questo caso i figli, liberi dalla curiosità, potranno vivere in semplicità e serenità.

Gradualità: nel senso che occorre trovare i termini esatti per ogni età. A un bambino di *tre anni* si parlerà con un linguaggio fatto preferibilmente di immagini; con uno di *sei* e di *otto* invece si potrà già introdurre qualche termine scientifico.

Delicatezza: entro i dieci anni, prima cioè del travaglio dello sviluppo sessuale, il fanciullo dovrebbe aver chiaro tutto quanto concerne la sessualità onde non trovarsi sorpreso e sprovveduto.

La delicatezza nel trattare di questa tematica si deve sempre accompagnare comunque alla serenità.

Con la mano sulla spalla e con il sorriso sul volto, guardando negli occhi il proprio figlio, avviarlo in quel mondo « misterioso » del sesso...

Qualche spunto sulla parola « onorarti »

Perdere l'onore, farsi onore, onorare il padre e la madre...

Anche in questo caso, come già per il verbo « prendere », siamo di fronte a una serie di significati interessanti.

Cosa può voler dire questo vocabolo nel contesto di una promessa di matrimonio? È una parola rafforzativa del verbo amarti, dal momento che è situata dopo di questa? Ma l'amore ha bisogno forse di rafforzativi o di esplicativi?

Fa comunque parte della completezza e della raffinatezza umana dell'amore l'onorare il partner.

Fa parte delle modalità con cui si esprime l'amore la capacità di onorare la persona amata.

Onorare la propria donna, onorare il proprio uomo sottolinea tutto quanto va sotto il nome di stima, di apprezzamento, di rispetto...

Certamente resta problematico e riduttivo amare senza stima reciproca.

Così, « onorarti » può voler dire allora accogliere, apprezzare, contemplare e favorire lo sviluppo delle qualità del proprio partner.

Spunti di riflessione

— Sono convinto/a che in ogni scelta c'è qualcosa che si sacrifica?
— Scegliendo di fare spazio alla «vita» cosa si sacrifica?
— Per i figli io sarei disposto/a a...
— Inventa una definizione di «amore» e trascrivila su un foglio.
— «L'uomo lascerà suo padre e sua madre e si unirà alla sua donna e i due formeranno una carne sola. Questo mistero è grande; lo dico in riferimento a Cristo e alla Chiesa! Quindi anche voi, ciascuno da parte sua, ami la propria moglie come se stesso» (Ef 5,31-33).
Quale commento vi suggerisce questo brano biblico?
— «Nella famiglia l'educazione avviene anche da parte dei figli verso i genitori. Crescendo insieme nel dialogo con i figli, i genitori sono stimolati a ripensare gli orientamenti di fondo della vita, a valutare gli ideali di cui i giovani si fanno portatori, a rinnovare la coerenza della propria esistenza»[5].
Qual è il tuo/vostro parere a riguardo?
— «Se il tuo amore è senza speranza, devi tacerlo» (A. De Saint-Éxupéry).

[5] *Matrimonio e famiglia oggi in Italia*, CEI, 1969.

7
TUTTI I GIORNI DELLA MIA VITA

Se l'espressione precedente « gioia e dolore », « salute e malattia » dà la esatta misura del *realismo* di una vita coniugale, questa dà invece la misura esatta della *fantasia* con cui va vissuta.

Ci vuole veramente fantasia per vivere l'amore « tutti i giorni ».

È stato detto: « Io mi innamoro tutti i giorni... della stessa persona! »

Non c'è proprio via d'uscita: o si pedala sulle due ruote del realismo e della fantasia oppure si può perdere l'equilibrio e cadere.

Dicendo « fantasia » si intende proprio mettere in guardia contro i grossi rischi della monotonia, della assuefazione, della noia, delle lamentazioni, dei sospiri e anche dei sogni estenuanti.

Una precisazione: non esistono cose noiose o monotone ma solamente un nostro sbagliato rapporto con esse; la noia sta in noi, non nelle cose. Quando diciamo: « è sempre la solita pappa », in pratica affermiamo la nostra mancanza di fantasia. Siamo in riserva e bisognerebbe fare il pieno...

Anche i sogni « estenuanti » potrebbero paradossalmente diventare peccati contro la fantasia. Sognare un domani migliore è normale, ma rannicchiarsi in un presente acido e asfittico, nella speranza illusoria di un futuro migliore, è veramente tempo sprecato.

Sognare! « Verrà il momento che farò vedere io chi sono! » Accumulando promesse e velleità, equivale a mettere troppa legna sul fuoco prima che questo sia ben acceso. È la cura dell'oggi ad accendere e a scaldare il domani, tanto più che « ogni giorno ha la sua pena ».

Cosa si intende per fantasia?

Fantasia per un bambino è credere che il fiammifero sia un elicottero ma, allo stesso tempo, essere convinto di non poterci salire sopra... Fantasia non è stupidaggine, ma intelligenza « qui e ora », non dando per scontato nulla per « domani », per « altrove »...

Fantasia è saper trovare il *nuovo* nel consueto travaglio del vivere. Cosa c'è di più consueto, a esempio, di una storia d'amore di uomo e di donna? Ebbene, ognuno racconta la sua storia come fosse unica, imbattibile, incredibile, da non dirsi... Questo è fantasia.

Un blocco di marmo è un blocco di marmo. Eppure per Michelangelo « Quello è il Mosè! »

Fantasia è « creare » del nuovo con il materiale già preparato da Dio. Chi è l'artista? È colui che da un pezzo di legna buono per il camino ricava una scultura...

Vogliamo essere « artisti » nell'amore?

Tanti piccoli nonnulla

La vita d'amore è composta di tanti piccoli nonnulla. Essi sono tenuti insieme dalla fantasia se no rischiano di disperdersi in mille angoli...

Questo stile di vita all'insegna della fantasia potrebbe essere sintetizzato così: stile di chiarezza, di fiducia, di «humour», di contemplazione...

Non si può vivere «in fantasia» se non c'è *chiarezza*. Lo abbiamo già detto a proposito di «comunicazione» più o meno limpida. Qui va aggiunto qualcosa in più. Le sottili incomprensioni reciproche scaturiscono quasi sempre da una medesima radice: ciascuno ama a modo proprio mentre ognuno aspetta di venire amato a modo suo.

Ma cosa si intende per «amore»?

Stile di *fiducia* significa smetterla di prevaricare sull'altro dall'alto della propria superiorità presunta; significa anche dare fiducia a Dio che, in fondo in fondo, non ha sbagliato nei confronti dell'umanità e di ciascuno di noi!

Stile di *humour*. La mancanza di humour tra le pareti domestiche è responsabile di atmosfere «cimiteriali», di temperature autunnali, di malattie vere e proprie del sistema nervoso... Basterebbe far pensare a chi è troppo serio che, in definitiva, dalla vita nessuno esce vivo...

Stile di *contemplazione*. Di solito il termine è appannaggio di «monache» di clausura, di religiosi e religiose.

Ma che dire della contemplazione come *forma coniugale di fantasia*?

Per amare tutti i giorni, occorre saper amare al di là di se stessi. Questo vale anche per l'amore sensibile. Per amare con i sensi, occorre saper amare al di là di essi, non per disprezzo, ma perché se ne avverte subito la relatività e precarietà. Qualcuno ha scritto: «Le persone che stanno peggio sulla terra sono proprio quelle che pensano soltanto alla terra».

Come dire che per vivere bene in una dimensione è essenziale non pensarla «*unica*», né tantomeno «*materiale*».

Per vivere bene la dimensione della *quotidianità*, per vivere tutti i giorni al riparo dalla noia, bisogna sfondare il tetto della *terrestrità*... Non è così fuori luogo indicare una specie di abito interiore aperto alla contemplazione, alla contemplazione della meraviglia sempre nascente del proprio amore, alla contemplazione della meraviglia della vita che si espande, alla contemplazione delle dimensioni «altre» rispetto a quelle conosciute.

Quanto spreco di stupore oggi per meraviglie solamente tecniche! La nuova idolatria? Non c'è pericolo anche di una «idolatria coniugale» quando ci si contempla l'un l'altro senza «contemplare insieme» al di là del proprio guscio?

Spunti di riflessione

— Cosa significa avere il senso dell'umorismo e della fantasia?
— «Mi piacerebbe pregare ogni giorno, ma in maniera diversa...» Come?
— «Per chi è figlio di Dio non dovrebbe trascorrere giorno, senza che in qualche modo sia stato annunciato il suo amore per tutti gli uomini in Gesù Cristo. Ed è una trama che va intessuta "quotidianamente"; è una fitta e misteriosa trama entro cui si incontrano Dio, che si rivela, e l'uomo che lo va cercando per varie strade»[6].
Come si esprime ciò nella vita di coppia?

[6] Documento di Base, *Il rinnovamento della catechesi*, n. 198.

— «Una tradizione comincia la prima volta». Applicate questa massima ai gesti del vostro amore di tutti i giorni...

Seconda parte

1
PERCHÉ CI SI SPOSA IN CHIESA?

Tempo fa due giovani, intenzionati a sposarsi in chiesa, si rivolsero a un parroco della periferia di Bologna. Il giovane fidanzato era noto come ateo e il parroco, con zelo e coraggio, gli chiese provocatoriamente: «Ma perché chiedi di sposare in chiesa se non credi in Dio?». Il giovane, non meno coraggiosamente rispose: «Padre, se io non credo in Dio, la colpa è mia o sua?».

Come si vede, una risposta che lascia di stucco e invita tutti quanti, preti e fidanzati, a riflettere.

Una costatazione

Quando si chiede il motivo per cui ci si sposa in chiesa, capita di collezionare risposte curiose ma raramente azzeccate: «perché la maggioranza fa così»; «mi sembrerebbe di fare torto ai miei genitori che mi hanno battezzato»; «perché è più festoso»; «perché fa bene ogni tanto ricordarsi di Dio»; «tanto non fa male»; «perché ho uno zio prete che se no si offenderebbe»; «per ricevere la benedizione di Dio»; «per non fare soffrire la mia ragazza»...

Ciascuno deve dare la sua risposta.

Un po' di storia non fa male

Ai primi tempi del cristianesimo non ci si sposava in chiesa ma in casa, davanti al capo famiglia, secondo le usanze dell'epoca purificate degli elementi pagani. In tale modo i cristiani situavano un gesto di fede in un contesto culturale e sociale, sottolineando al tempo stesso la profonda realtà naturale del matrimonio.

Dal secolo IV in poi si incomincia a passare dalla casa, dove è già avvenuta la celebrazione, alla chiesa per assistere alla messa.

Più tardi, sotto il tracollo dell'impero di Carlo Magno e sotto i colpi delle invasioni barbariche, si passa alla celebrazione del matrimonio davanti alla Chiesa (« in facie ecclesiae ») e davanti a un ministro della Chiesa. Perché questo? Perché secondo l'uso barbarico la donna era « merce di compravendita » e la Chiesa, così facendo, vuole far capire che la donna « è del Signore ». Anche l'architettura delle chiese del periodo attesta questa usanza.

Da qui a entrare in chiesa a celebrare il matrimonio il passo è breve.

Con il secolo XV-XVI, all'epoca del concilio di Trento, si fissano le norme ecclesiastiche per garantire la validità del rito. Ormai il rito della celebrazione del matrimonio e la messa sono fianco a fianco.

Con il concilio Vaticano II, terminato nel 1965 sotto Paolo VI, matura la disposizione[7]: « Il matrimonio in via ordinaria si celebri nella messa, dopo la lettura del vangelo e l'omelia, prima della preghiera dei fedeli... ».

Cosa può indicare questa prassi attuale? Cosa può

[7] *Sacrosanctum Concilium*, n. 78.

suggerire a due fidanzati questo evidente collegamento tra due sacramenti, quello del matrimonio e quello della eucaristia?

È un parallelismo affascinante. Così come sotto la specie del pane e del vino c'è Cristo, così anche sotto la specie dell'amore umano ci « dovrebbe » essere Cristo... L'amore umano, grazie al sacramento, diventa « significativo » dell'amore di Dio per gli uomini e di Cristo per la Chiesa. Sposare in chiesa significa quindi impegnarsi a vivere l'amore alla stessa maniera di Dio e di Gesù.

L'inserimento del rito nella messa può voler dire che i coniugi devono essere, coniugalmente, *messa vivente*. Si riceve il sacramento perché si possa essere sacramento. L'essere segno diventa allora avventura quotidiana che prende il via, in quel momento, insieme ai fratelli nella fede in Cristo. In questo senso sono coinvolti anche gli invitati, i quali, anziché ostentare gli abiti, sono chiamati a testimoniare « l'abito di fede ».

Che cosa significa in concreto l'amore di questo uomo e di questa donna « nel Signore »? Gli scrittori cristiani dei primi secoli sono stati solleciti e unanimi nell'averlo capito e nell'averlo affermato con toni positivi: l'amore di un uomo e di una donna non solo manifesta l'amore di Dio e di Cristo, ma è efficace realtà di salvezza. Ci si salva grazie all'amore umano innestato in Cristo.

Il proprio amore viene cantato, offerto, manifestato affinché altri possano scorgere il fascino di un più alto Amore.

Il proprio amore veramente « umano »... Gli amori schizofrenici o nevrotici fanno fatica a essere « segno ».

Chi vede dei coniugi cristiani dovrebbe cioè sentire un forte e discreto richiamo di Dio.

Una definizione di matrimonio

Scorrendo le pagine della Bibbia emerge che l'amore umano viene « assunto » per così dire da Dio perché « narri » all'umanità le sue gesta... Una specie di « Salmo vivente di lode ». Dio valorizza e potenzia tutto l'umano (se no non l'avrebbe creato), promuovendo uomo e donna a suoi collaboratori.

Allora il matrimonio si può benissimo definire: Alleanza di uomo e donna per la salvezza, attraverso morte e risurrezione, a immagine della grande Alleanza di Dio con gli uomini.

Forse è una definizione che non si trova scritta nei libri di teologia... ma pare sia scritta sulle pagine della vita.

In questa definizione è contenuta tutta la ricchezza della realtà umana dell'amore, della serietà di un impegno tra due persone sessualmente diverse; diverse perché possano integrarsi, umanamente e spiritualmente.

E tutto questo viene vissuto, e qui sta la carica salvifica del sacramento, a immagine della grande Alleanza.

Anche Dio ha ripetutamente stipulato patti con l'umanità fino al patto definitivo nel suo Figlio Gesù Cristo.

Questo patto è fra due esseri differenti, Dio e l'uomo. Questo patto è per la salvezza, per il riscatto cioè dalla colpa del peccato d'origine. Questa salvezza conosce una sorte tragica. Anche i coniugi dovranno quotidianamente morire ciascuno al proprio egoismo per risorgere nel « noi » della nuova vita coniugale...

Se il seme non muore...

Una curiosità

Si sa che taluni matrimoni si contraggono in modo invalido per via di grossi errori di forma o di sostanza (malattie gravi nascoste, impotenza sessuale assoluta precedente il matrimonio...) e poi vengono dichiarati «nulli» dai tribunali ecclesiastici, attraverso le normali procedure giuridiche.

Ebbene non si è ancora visto dichiarare «nullo» un matrimonio per comprovata mancanza di fede di uno dei due prima del matrimonio. Non sembra un paradosso? La Chiesa tiene talmente alla sostanza del matrimonio costituita dall'amore che addirittura la fede, magari ridotta al «lumicino», viene data per scontata...

Qualcuno allora dirà: se è vero che è l'amore a caratterizzare un matrimonio valido che differenza c'è tra lo sposarsi in chiesa e lo sposarsi in Comune?

Nella nebbia o al sole

Se noi osserviamo un paesaggio, il medesimo, con la nebbia e con il sole notiamo delle differenze... Con la nebbia c'è torpore, nella nebbia non gustiamo la vivezza e la tonalità dei colori, con la nebbia i fiori non si schiudono...

Al sole si evidenziano i colori, c'è calore, i fiori si schiudono, la vita si espande.

Così, senza offesa per nessuno, è del matrimonio in Comune e del matrimonio in chiesa. Cristo è questo sole che potenzia la vita e la fa fruttificare.

L'amore innestato *in* Cristo lo si vive *con* Cristo e fruttifica *per* Cristo.

Purché ci si sforzi di viverlo «umanamente».

Spunti di riflessione

— Il matrimonio, celebrato in Cristo e davanti alla comunità ecclesiale, è segno efficace dell'amore con cui Dio ama l'umanità.
Scegliendo di sposarvi in Chiesa, cosa volete esprimere della vostra esperienza di fede?

— Il rinnovamento liturgico operato dal Vaticano II ha riportato il rito del Matrimonio all'interno della celebrazione eucaristica.
Come pensate di prepararvi a questo avvenimento?

2
A NAZARET C'È UNA FAMIGLIA

La fantasia dello Spirito

C'era un tempo in cui alle mogli disperate per il brutale comportamento del marito veniva consigliato di pregare santa Rita, la santa degli impossibili, perché intervenisse piuttosto in fretta e in modo risolutivo...

Troppo poco invece ci si è riferiti alla famiglia di Nazaret per far vivere « familiarmente bene » i coniugi cristiani.

Troppo spesso si è fatta evaporare in spiritualismi pericolosi la densità misteriosa del messaggio di Nazaret.

Certamente la famiglia di Nazaret è un po' insolita. Nonostante questo offre aspetti validi per stimolare una riflessione.

Là si viveva una coniugalità in modo verginale e una verginità in modo coniugale.

Dio è sintesi di valori. Solamente la nostra miopia intellettuale ci fa vedere esclusivi, l'uno dell'altro, i valori della verginità e della maternità. Là si vive una maternità e paternità a diverso livello rispetto a quello della carne... eppure era carne il corpo di Cristo. Là si è figli in modo inconsueto.

Questa si chiama «fantasia dello Spirito» e guai a razionalizzare! Chiediamoci piuttosto cosa insegna Nazaret alla famiglia d'oggi, alla famiglia cristiana, alla famiglia «carismatica» magari, a quella famiglia cioè così ripiena di «spirito», da dimenticare che la prima mossa dello Spirito è stata l'incarnazione per la salvezza... Un invito alla concretezza?

Nazaret insegna a essere famiglia. Si parla tanto di famiglia come «Chiesa domestica». Ebbene non si può essere «Chiesa» se non si è «Chiesa domestica», se cioè non si sa «abitare insieme» così come Dio che «pose la sua tenda in mezzo a noi».

Oggi, osservando la linea di tendenza delle nuove generazioni, si è portati a concludere che la famiglia è un «istituto» in via di estinzione.

Ma, come persone credenti, siamo invitati a non assolutizzare i dati sociologici e a impegnarci in forme concrete di evangelizzazione verso i «lontani».

Il Dio della rivelazione è un Dio-Famiglia (Padre, Figlio, Spirito); è un Dio inventore della famiglia (Adamo ed Eva sono sposati da lui con molti fiori, armonie del creato, senza spesa...) ed è un Dio che quando vuol farsi «uomo» sceglie di trovare uno spazio «familiare» tra un certo Giuseppe e una certa Maria di Nazaret.

La famiglia, così come appare dalla Scrittura, è un valore carico di significato umano e teologale.

Cosa può insegnare allora la famiglia di Nazaret alla società e in particolare alla comunità cristiana di oggi?

A chi si sta preparando alla vita di famiglia Nazaret insegna a *vivere con «naturalezza» il mistero,* predisponendo negli animi atteggiamenti di fiducia e di umiltà.

Dopo l'annuncio, Maria non andò a consultare enciclopedie per scoprire se quello che le stava accadendo poteva avere spiegazioni razionali. Se ne uscì semplicemente con il *Magnificat* e non in disprezzo della ragione ma in una celebrazione del cuore.

A chi oggi vuol fare quadrare al centesimo i bilanci di una vita di affetti, Nazaret propone una pista di coraggio, di rischio, di elasticità mentale, di disponibilità all'assoluto...

Nazaret insegna anche l'arte del *vivere autenticamente fra persone,* che consiste nel « convivere », condividere, comunicare.

Nella famiglia di Nazaret ognuno dei suoi membri sa *convivere* (vivere con) gli altri (e non solamente stare insieme), sa *condividere* con gli altri il progetto di Dio (e non lo consuma privatamente); tutto ciò grazie al saper *comunicare*.

In conclusione Nazaret ci insegna l'arte di *vivere in modo pienamente umano*, a vivere con Dio l'avventura dell'amore.

Spunti di riflessione

— « Fondata sul matrimonio, nasce la famiglia... Alimentata dall'amore, la famiglia è la prima, insostituibile comunità educativa » [8].
Siete d'accordo su questa affermazione? Secondo voi quali sono le ragioni per cui il matrimonio e la famiglia trovano oggi nella società sempre minori sostegni?

— « Il matrimonio cristiano è ben più di una scelta di costume. È una vocazione e dono, consacra-

[8] *Matrimonio e famiglia*, CEI.

zione e missione. La grazia del sacramento è per gli sposi fonte e garanzia di amore e di reciproca comunione »[9].

Come pensate di esprimere nella vostra vita di coppia l'aspetto « consacrazione-missione » del matrimonio?

[9] Dal Catechismo degli adulti, *Signore, da chi andremo?*, pp. 253-254.

3

E SE SI PREGASSE VERAMENTE

« Beve? » « Sì ». « Le piace bere? » « Che differenza c'è? » « Vede, un imbuto beve, ma non è detto che gli piaccia bere! »

« Recita le preghiere? » « Sì ». « Ma prega veramente? » « Che differenza c'è? » Conclusione libera!

Questa non vuole essere una provocazione inutile. Frasi come « Hai recitato le preghiere? » vanno precisate. Un conto è « recitare » le preghiere e un conto è « pregare ». Gesù ha detto ai suoi discepoli: « Pregate! »

Quando due persone si sposano, soprattutto se credenti, devono pregare insieme. È vero che il rapporto con Dio resta sempre essenzialmente personale; ma dal momento che si « sposa » il progetto del Signore sul nostro amore, bisogna trovare il punto d'equilibrio tra quanto uno confida a Dio in proprio e quanto gli confida come coniuge.

Non si dovrebbe correre il rischio dei contadini ognuno dei quali, a seconda del tipo di coltura, chiede nello stesso momento acqua o sole.

Preghiera radicata nel sacramento

La preghiera nasce dalla vita. La vita trasformata nel dono di sé diventa preghiera.

La vita coniugale, vissuta nella fede, è vita sacramentale e pertanto la preghiera rafforza e prolunga tra le pareti domestiche questo «clima» di grazia.

La prima forma di questa preghiera coniugale potrebbe essere la medesima che fece esplodere di gioia Adamo davanti alla sua Eva: «Questa è carne della mia carne e osso delle mie ossa» (Gn 2,22). È una esplosione di gioia per il dono dell'incontro d'amore. È una lode a Dio.

Preghiera radicata nel sacramento significa in parole semplici dire con i fatti al proprio partner: «grazie di esistere», convinti che Dio, magari commuovendosi, sta in ascolto.

Quando pregare

Il «quando» della preghiera non è un fatto legato al tempo. Una pianta lascia scorrere sempre la linfa dentro al tronco. Tuttavia è opportuno situare dei momenti particolari di preghiera lungo l'arco della giornata, variandoli durante il corso mutevole della vita.

Se la vita è secondo il «progetto di Dio», ogni respiro è preghiera. Diversamente potrebbe risultare vero, purtroppo, quanto afferma Isaia: «Questo popolo mi onora con le labbra, ma il suo cuore è lontano da me» (Is 29,13 ripreso anche da Mt 15,7-9).

Preghiera e fratellanza

E la Parola si fece carne e abitò tra noi (cfr. Gv 1,14).

Scrive il card. Carlo Maria Martini: « Pur generato e nutrito in una comunione universale di vita, che è la Chiesa, il cristiano ha un pregio inestimabile, perché è stato amato *personalmente* dal Padre che lo ha voluto suo figlio; è stato *personalmente* raggiunto dall'azione redentrice del Figlio, che per lui ha versato il suo sangue; è guidato dallo Spirito nella positiva risposta *personale* alla divina chiamata alla salvezza »[10].

Tutto vero! Per potenziare però la preghiera occorre — oltre alla consapevolezza di questo amore trinitario — sentire il calore dei fratelli, soprattutto di chi ci vive accanto. L'espressione « lascia anche l'estasi per dare un brodo a chi è malato » rende bene l'idea. C'è il rischio di rifugiarsi nelle pratiche di preghiera, quando è scomodo esercitare la carità fraterna e la solidarietà concreta verso chi ha bisogno.

Gesù ci ricorda che il « cuore » della legge è l'amore.

A una coppia arrivata quasi alle soglie della separazione per via dell'impegno « solitario » di uno dei due nelle opere parrocchiali, un prete saggio consigliò: « qualche rosario in meno e qualche carezza-attenzione di più al proprio partner ».

10 *Dimensione contemplativa della vita*, LDC.

Spunti di riflessione

— «Se due di voi si accorderanno per domandare qualunque cosa, il Padre mio che è nei cieli ve la concederà. Perché dove sono due o tre riuniti nel mio nome, io sono in mezzo a loro» (Mt 19,19-20).
— Trovi che sia importante condividere con il tuo partner anche la fede?
— Come pensate di vivere e di impostare il vostro cammino di fede?

4

ECOLOGIA SESSUALE O CONTRACCEZIONE?

Questo capitoletto non intende affrontare l'aspetto tecnico del problema. Tutti conosciamo l'importanza della fecondità dell'amore, ma sarebbe tragico ridurre il tutto a una specie di referendum tra anticoncezionale « sì » o « no ». Come pure sarebbe superficiale ritenere la Chiesa testarda sostenitrice della linea della regolazione « naturale » delle nascite.

La Chiesa ha sempre optato per la promozione dei valori. La natura è uno di questi. Certo il problema non è così semplice. Talvolta ci si trova davanti a situazioni nelle quali sembra impossibile non « sacrificare » qualche aspetto della natura per salvaguardare qualche altro valore.

Control o autocontrol?

Non vuole essere una battuta provocatoria. Qualche tempo fa, nelle più grandi città d'Italia, apparve un manifesto pubblicitario inneggiante a un certo anticoncezionale. Un volto dolcissimo di donna, in primo piano, e accanto la frase: « Ho fatto l'amore con control». Una settimana dopo, sotto quella scritta, una mano burlona aggiungeva a caratteri cubitali: «Mia madre no, meno male!».

Frase allusiva ma certamente significativa. Meglio «control» o «autocontrol»?

Certamente è difficile negare che, una regolazione delle nascite al naturale non sia in linea con quanto viene affermato dai sostenitori del ritorno alla natura, alla genuinità, alle cose doc.

Si potrebbe anche parlare di «ecologia sessuale» o coniugale. Certo le situazioni nelle quali è difficile, anzi talvolta impossibile, determinare il giusto momento della astensione dal rapporto intimo, vanno considerate di volta in volta nel dialogo e nella sincerità.

La simpatia della Chiesa per la metodica naturale non significa la imposizione di un metodo, ma la indicazione del livello cui tendere, per non rischiare di ridurre l'amore a un fatto tecnico. Quando si delega alla tecnica un settore di responsabilità si è lontani dalla verità integrale.

Ognuno avrà le sue opinioni in merito soprattutto in un settore così delicato come questo. Anche la coscienza ben formata si trova talvolta tra l'incudine e il martello. Tuttavia non sembra una soluzione lodevole affidarsi a un frettoloso soggettivismo né agire come capita.

Non è male ricordare inoltre che per la Chiesa la comprensione e il perdono per altri tipi di scelta, operati coniugalmente e non egoisticamente per serie ragioni, sono atteggiamenti evangelici quanto la ferma indicazione del valore naturale.

Già Paolo VI, nel 1968, proclamò profeticamente la non manipolazione della vita e della sessualità nella sua celebre enciclica *Humanae vitae*. Sarebbe opportuno leggerla per intero.

Valori di riferimento per la procreazione responsabile

Decidere coniugalmente di collaborare alla vita generando vita, è quanto di più altamente creativo sia stato concesso all'uomo e alla donna. Anziché ridurre quindi il discorso della procreazione responsabile a un dibattito tecnico sulla sicurezza o meno di questo o quel metodo o sulla non pericolosità di esso, è più proficuo avere presenti alcuni valori cui riferirsi.

Il primo e il più importante è quello del *bene della coppia*: i coniugi devono chiedersi spassionatamente: « È un bene per noi avere un figlio ora oppure è meglio aspettare? ». Se una nascita può venire a scombinare gravemente una armonia coniugale ancora delicata e fragile, forse è consigliabile una certa attesa... Un po' di grinta e di coraggio vanno comunque messi nel bagaglio di ogni scelta. Nell'amore i bilanci non possono mai quadrare in anticipo...

In secondo luogo viene il *bene del figlio*: è cioè opportuno chiedersi se è un bene per il figlio venire al mondo in questo momento oppure no; è anche necessario che il figlio venga voluto per se stesso. Nel caso di risposta positiva, è importante pensare già all'impegno quotidiano di essere genitori fino in fondo.

Infine viene il *bene della società* della quale i figli dovranno diventare membri attivi, validi e positivi e non parassiti o pesi morti. È un problema di etica sociale troppo spesso trascurato, ma è anche un problema di coerenza personale.

Confrontandosi con questi tre valori e giocando a carte scoperte, i coniugi daranno il via all'avventura della fecondità e perché no anche all'eventualità di quella forma squisita di fecondità che è l'*affido* o l'*adozione*...

Una certa cultura odierna non favorisce certo l'amore vero e l'apertura alla vita. Ma questo non giustifica il rintanarsi nel guscio della propria privatezza e del proprio egoismo.

I cristiani, spesso, sembrano complessati e infanti di fronte alle provocazioni culturali e fanno la figura di persone piene di tabù. La figura sta loro bene se si rifiutano di crescere nella conoscenza di una autentica cultura sessuale, e di conseguenza se non sono testimoni «credibili» del Dio amante della vita.

Spunti di riflessione

— Siete d'accordo che l'esperienza d'amore tra i coniugi è vera e profonda se è aperta alla vita e genera vita?
— Quali sono le vostre convinzioni sulla «maternità e paternità responsabile»?

5

E SE INTERROMPESSIMO L'ABORTO?

Il tranello della retorica o della crociata è pericoloso.

Però va detto che la legislazione abortista attuale non arriva certamente a guarire i mali che venivano indicati come curabili dallo spirito della legge. Gli aborti clandestini infatti continuano e quelli «legali» si attestano su cifre che devono fare pensare il legislatore.

Non è bene entrare nel merito della legge, ma una legge che consente, con qualche cavillo, di mettere in liquidazione la vita non avrà vita facile e lunga, per fortuna!

È bene mettersi invece dalla parte dei bambini, di tutti quei figli di Dio «piccoli», uccisi dai figli di Dio «grandi».

Cosa fare come cattolici

Un problema lo si può risolvere soltanto individuandone la radice.

Conosciamo tutti le cause che spingono talvolta la donna ad abortire: la solitudine in cui la confina il maschio; l'ignoranza delle più elementari precauzioni preventive naturali; la procreazione interpretata dai coniugi come indesiderata perché imprevista; la mancanza di rispetto per la vita dell'altro; l'egoismo, la vigliaccheria del porre un gesto senza considerare le conseguenze; il mettere al primo posto il benessere anziché l'essere...

Occorre allora rimuovere queste cause remote e prossime, attraverso l'orchestrazione intelligente e fiduciosa di iniziative culturali serie. Occorre adoperarsi a formare le coscienze, a debellare l'egoismo, a fare conoscere il vero senso di una procreazione responsabile, a parlare di sesso in termini di amore. È naturale che la condanna del peccato non comporti la condanna farisaica del peccatore. Occorre ancora la cura della solidarietà nei confronti di quelle donne angosciate dal loro stesso gesto.

Anche noi cattolici abbiamo le nostre responsabilità.

Quando, infatti, certi cattolici parlano del valore della vita a sproposito, rischiano di fare la medesima figuraccia che fanno certi capitalisti, quando parlano del denaro, del loro denaro si intende, perché di quello degli altri o non gliene importa nulla oppure ne temono la concorrenza...

Quando noi ci mostriamo « scandalizzati » o anche « sofferenti » davanti alle cifre degli aborti e non muoviamo neppure il dito indice per fare il numero di telefono di una ragazza-madre in difficoltà, facciamo una figuraccia. E non si dica di non essere all'altezza... perché per scandalizzarsi si è sempre all'altezza.

Questa incoerenza, questa comoda, borghese, asfittica e insignificante « privacy » è una potenziale fucina di aborti. Sono la nostra sterilità d'animo e la nostra fredda carità a generare aborti... anche se saranno altre donne a farlo.

Se la cultura laicista e individualista (secondo la quale il volere del singolo prevarica sul diritto oggettivo della vita a voler nascere...), ha *partorito* la legge 194/78 sulla interruzione volontaria della gravidanza, è anche perché noi credenti nella vita abbiamo in pratica avallato altre forme di vita «non piena» con l'ingiustizia, la sopraffazione del più debole, l'incoerenza, la cura della propria vita innanzitutto... Più ancora è perché abbiamo tacitamente accettato l'assioma consumistico, secondo il quale *se si continuerà sulla terra a essere di più si finirà inesorabilmente con l'avere tutti di meno*... e allora abbiamo concluso che, prudentemente, è meglio essere di meno. Una strana interpretazione della parabola dei talenti!

A che «pro» poi prendersela se qualcuno definisce l'aborto un intervento di «piccola chirurgia»? È il nostro cuore a essere «piccolo».

Questo impasto di calcolo, di paura, di autodifesa e di sfiducia nella vita non è proprio un inno alla vita.

La battaglia per la vita va fatta con la vita, va fatta nella propria carne coniugale e familiare.

Spunti di riflessione

— Quali iniziative ritenete valide e prioritarie per promuovere nel vostro ambiente i valori della vita?
— Pregate insieme il Padre creatore della vita con queste parole:

«Fa' che il nostro amore
non nasconda
ai nostri occhi l'ingiustizia
e le sofferenze che ci circondano,
ma sia la forza attraverso la quale
troviamo dei gesti concreti
di solidarietà e di servizio
ai fratelli»[11].

[11] Dal *Rito del matrimonio*.

6

MA SONO PROPRIO PREMATRIMONIALI CERTI RAPPORTI?

Anche a questo scottante argomento è opportuno dedicare non più di qualche riga, prima di tutto perché nessuno ha il diritto di rovistare nel segreto delle coscienze e in secondo luogo perché per molti il problema non sussiste.

L'opportunità di trattare di questo argomento deriva dal fatto che anche certi fidanzati cristiani danno quasi per scontato che, se due s'accordano di fare l'amore prima del matrimonio, questo è comunque espressione d'amore.

Sarebbe il caso di considerare l'intera questione non tanto dal punto di vista delle opinioni personali, quanto dal punto di vista del significato obiettivo del gesto in quanto tale.

Qualche precisazione

Un rapporto può definirsi «prematrimoniale» soltanto a matrimonio avvenuto, non prima; così come un antipasto può definirsi tale solo a pranzo finito...

In ogni cultura viene distinto il periodo del fidanzamento da quello del matrimonio; ciascuno dei due periodi ha una sua originalità e pertanto anche i gesti dovrebbero risentire di questa originalità e caratteristica. I gesti del fidanzamento non dovrebbero essere la fotocopia di quelli coniugali.

Che dire inoltre del significato intrinseco del gesto intimo?

Unire genitalmente i corpi significa voler entrare intimamente e definitivamente nella vita del partner. È un gesto coinvolgente profondamente i due ed è anche un gesto aperto potenzialmente alla nuova vita; sarebbe quindi logico porlo quando la situazione dei due è definitiva anche davanti alla comunità. La sessualità, così come l'amore, è un bene comune e decidere di viverlo in modo coniugale non può essere un fatto clandestino.

Talvolta c'è anche la convinzione che sia sempre amore il fare l'amore. Non è così automatica la deduzione. Non può esistere anche un fare l'amore che non è amore? La paziente attesa non potrebbe essere maturante per i due più che non l'anticipazione?

E nessuno dovrebbe sentirsi offeso dal richiamo alla realtà della fallibilità umana. Come dire che talvolta si possono prendere lucciole per lanterne.

Qualche precisazione a livello di fede

Sul piano schiettamente cristiano è illuminante il discorso del « segno ». Si sa che ogni sacramento è « segno » di una realtà più profonda e invisibile. L'amore umano coniugale è segno di quell'amore totale, concreto, fecondo e sacrificale che lega Dio all'umanità e Cristo alla sua Chiesa. Un segno, perché sia tale, deve essere « visibile ». Ebbene, per essere segno occorre uscire allo scoperto, e durante il periodo di fidanzamento l'amore non viene ancora definitivamente allo scoperto... È « un già » e « non ancora » se vogliamo! Manca la « pienezza dei tempi »...

Dio medesimo, prima di sposare l'umanità (incarnazione) si è fidanzato (parola). Nell'Antico Testamento vive la relazione d'amore con un popolo. Successivamente Egli la estenderà, la renderà « manifesta » a tutta l'umanità. E ciò avvenne « nella pienezza dei tempi »... Appunto quando venne la pienezza dei tempi « la parola si fece carne ».

Lungi da ogni asservimento della Parola di Dio a schematismi umani, ma come spiegare altrimenti l'attesa di Dio?

Nella stessa *Genesi* c'è una affermazione di questo tipo: « Perciò l'uomo lascerà suo padre e sua madre e si unirà alla sua donna e saranno una carne sola » (Gn 2,24).

Non sembra fuori luogo concludere che « lasciando » padre e madre si autorizza, in un certo senso, un nuovo e originale modo di gestire l'amore. E questo avviene con il matrimonio...

È una scelta di vita insieme nell'amore a dare il via ai gesti intimi dell'amore. È l'intimità dei cuori preparata durante il fidanzamento a generare l'intimità dei corpi tipica del matrimonio...

Spunti di riflessione

— Un rapporto può definirsi « prematrimoniale » soltanto a matrimonio avvenuto e non prima (cfr. p. 97).

— Esistono oggi delle correnti di pensiero che si propongono la « demitizzazione » del sesso. L'espressione non di rado nasconde una banalizzazione della esperienza sessuale, spogliata d'ogni profondità e atmosfera di meraviglia... [12].
Quali sono le vostre convinzioni sui rapporti prematrimoniali?

[12] Dal Catechismo dei giovani, *Non di solo pane*, p. 245.

7
NO ALLA FAMIGLIA BLINDATA

È in costante aumento la rincorsa a misure di sicurezza posta a custodia di case, automobili, oggetti, borse con antifurto, congegni sofisticati di allarme che gran parte delle volte non allarmano nessuno; porte corazzate, supercorazzate, blindate, giardini custoditi da cagnacci furiosi, reticolati tipo muro di Berlino, sistemi radar ingegnosi...

Un proverbio: « La porta meglio chiusa è quella che si può lasciare aperta »...

« Solo il pane che avremo condiviso ci potrà saziare. Solo l'acqua che avremo dato da bere ci potrà dissetare. Solo la casa che avremo aperto all'ospitalità potrà darci il riposo ».

In che modo aperti?

In un sussidio che circola nella diocesi di Albano presso i fidanzati che si preparano al matrimonio si legge: « È facile da sposati vivere un " egoismo a due ". Non basta neppure avere dei figli; a volte viviamo un egoismo a tre, a quattro... La fecondità non è mai completa fino a che non diventa una fecondità verso gli altri: il nostro " vivere insieme " è una generatività continua ».

È bello fare del luogo del nostro amore una «casa» e non un «appartamento», cioè un regno del «mio» contro un regno del «tuo». Di solito si «apparta» chi ha paura. Abbiamo fatto delle case dei cristiani delle «case chiuse» (!) a livello mentale, affettivo, sociale, comunitario. Chi entrerà nella nostra casa? Solo i nostri familiari, i «nostri» amici?

Chi siederà alla nostra «mensa»? La mensa è il sacramento della nostra qualità di coppia umana e di coppia credente-cristiana.

Saper condividere ogni mese una percentuale del nostro reddito anche «per chi non può», per «chi non ce la fa» è un atto di giustizia, è un ricordare a noi stessi che in fondo «che cosa ho che non abbia ricevuto»?

Troviamo vitale aprire la nostra casa e creare una «nuova famiglia» non solo su legami di parentela e di sangue, ma su valori di amicizia, di fede, di umanità meno ristretta.

Un brano del libro *Il profeta*[13] conferma ciò poeticamente:

«Mi hai fatto conoscere ad amici che non conoscevo.
Mi hai fatto sedere in case che non erano le mie.
Mi hai portato vicino il lontano
e reso l'estraneo un fratello
...ch'io non perda mai le carezze
dell'uno nel gioco dei molti...».

E siamo alle conclusioni. Conclusioni per modo di dire, in quanto la vita è sempre «aperta».

[13] Di Gibran K. Gibran, Ugo Guanda Editore.

Spunti di riflessione

— Quali scelte pensate di fare perché la vostra non sia una famiglia «blindata»?
— «La fecondità della famiglia deve conoscere una sua incessante "creatività", frutto meraviglioso dello Spirito che spalanca gli occhi del cuore... Con le famiglie e per mezzo di loro, il Signore Gesù continua ad avere "compassione" delle folle»[14].

[14] Giovanni Paolo II, *Familiaris consortio*, n. 41.

CENNI BIBLIOGRAFICI

Si segnalano qui alcuni titoli di libri e dischi utili da tenere presenti nel periodo di preparazione al matrimonio.
Sono tutti reperibili nelle Librerie «Edizioni Paoline».

— Anfossi G. - Villata G., *Vivere il matrimonio*
— Avanti G., *Pianeta amore. Viaggio verso il matrimonio*
— Battistella B. (cur.), *Io prendo te.* Ricordo agli sposi
— Cupia L., *Noi due per la vita*
— Cupia L., *Famiglia oggi, progetto e realtà*
— Della Torre L., *In coppia verso il matrimonio*: cammino di fede per vivere il matrimonio cristiano
— De Martini N., *Sessualità linguaggio d'amore*
— De Simone A. (cur.), *Slogans d'amore*
— Drescher J., *Quando gli opposti si attraggono*,
— R. e G. Forleo, *Nato per amore.* Attesa, nascita, primi giorni del figlio
— G. Paolo II, *Familiaris consortio.* Esortazione apostolica sui compiti della famiglia cristiana
— Heinzmann J., *Amare è la tua vocazione*
— Neysters P., *Sposarsi? I giovani e il matrimonio*
— Norman D., *Amarsi corpo e anima*
— Prestinicola M. - Laroche M.P., *Una sola carne.* Spiritualità della coppia
— Stenico T., *Vivere la fede in famiglia*
— Turoldo D.M., *Amare*
— Ugenti A., *La famiglia cristiana.* Commento alla *Familiaris consortio*, Ed. Piemme

Dischi

- *Noi siamo amore*, L.P., Autori vari, Edizioni Musicali e Audiovisive EP
- *Tu hai inventato l'amore*, Autori vari, Edizioni Musicali e Audiovisive EP
- *Il mito dell'amore*, L.P. « Fisiognomica », di F. Battiato, EMI

INDICE

Stampa: 1989
AGAM Cuneo
Printed in Italy